N° 1 — 16 Juillet 1863

LA POUPÉE

RECUEIL DE TOUS LES TRAVAUX DES PETITES DEMOISELLES

IMAGES ET LECTURES AMUSANTES

Bureau de Rédaction et d'Abonnements chez M. H. Duru, rue d'Enfer, 126, Paris
Prix de l'Abonnement : Paris, un an 10 fr.; six mois 6 fr.
Départements, un an 13 fr.; six mois 7 fr. — Étranger, un an 15 fr.; six mois 8 fr.

A NOS ABONNÉS

Le petit journal que nous présentons aux familles sous le titre de : *la Poupée*, est sans prétention ; il s'adresse aux petites filles de six à douze ans. Il ne vient pas sur les brisées de ses grands confrères, il marche humblement à leur suite. Il a pour but de remplir une lacune qu'ils ont laissée.

Tous les journaux de mode, de travaux de dames et de demoiselles sont trop sérieux pour nos futures lectrices. Ce qu'elles demandent, ce sont des images, des historiettes, des contes, des poupées et des petits travaux à la portée de leur âge.

Cette classe si intéressante de petites lectrices n'a pas eu jusqu'à ce jour un journal spécial pour les guider dans les premiers travaux d'aiguille, de tricot, de marque et de broderie. Nous pensons qu'une semblable publication pourra rendre d'utiles services aux familles.

En joignant l'agréable à l'utile, il nous sera facile de diriger nos jeunes lectrices dans ces premiers travaux de l'enfance, qui, sans être pénibles, offrent cependant l'aridité d'une première application.

Toutes les mères de famille savent que la Poupée est un puissant auxiliaire pour habituer les petites filles à s'habiller et à se déshabiller. C'est par la poupée qu'on les habitue à coudre sans répugnance ; c'est encore en leur promettant une belle poupée qu'elles apprennent une fable, qu'elles font mieux leurs devoirs, enfin qu'elles sont plus sages.

La Poupée peut donc devenir un objet d'utilité ; il suffit de bien diriger l'enfant dans l'amusement qu'elle lui procure. Pour cela nous engagerons nos petites lectrices à traiter leur poupée comme elles traiteraient une petite fille moins âgée qu'elles. Nous les engagerons à faire leur trousseau et à le tenir dans un grand état de propreté et d'ordre. Enfin, par notre petit journal, par les conseils simples que nous donnerons à nos jeunes lectrices, par les patrons et les modèles qui leur viendront en aide, nous espérons les amener à prendre goût aux différents travaux d'aiguille et à faire elles-mêmes tout ce qui concerne leur toilette.

Notre Journal renfermera :

1° Une historiette ou conte avec gravures;
2° Une gravure représentant une poupée ou une mode de petite fille;
3° Des leçons de couture, marque, tricot, feston, broderie ou tapisserie;
4° Une explication des patrons;
5° Des patrons pour tous les vêtements de la poupée;
6° Des patrons de marque, feston, tapisserie, broderie, etc.;
7° Une moralité.

PRIME.

Comme avant tout nous voulons être agréable à nos futures lectrices, nous leur offrons une magnifique boîte, soit : mercerie ou tapisserie, jeu, loterie, toilette de la Poupée, etc., qu'elles recevront, en prenant un abonnement d'une année, avec le premier numéro du journal *la Poupée*.

Le journal paraîtra le 1er et le 16 de chaque mois.

Prix de l'Abonnement :

Paris : un an **10** fr., six mois **6** fr.
Départements : un an **13** fr., six mois **7** fr.
Étrangers : un an **15** fr., six mois **8** fr.

On reçoit un numéro d'essai contre **50** c. en timbres-poste.

Le bureau de rédaction et d'abonnements : chez M. H. Duru, directeur, rue d'Enfer, 126.

Écrire *franco*, joindre un mandat à l'ordre de M. H. Duru, rue d'Enfer, 126, Paris.

On peut s'abonner chez M. Saussine (successeur de M. H. Duru), fabricant de jeux instructifs et de cartonnages, où l'on pourra choisir la boîte donnée en prime, rue du Cloître-Saint-Jacques, n° 10, près la rue Saint-Denis.

On s'abonne aussi à la *Mère de Famille*, rue Tronchet, 18.

On trouve à la *Mère de Famille* les étoffes, robes coupées et autres objets pour les Poupées.

L'ÉCHOPPE DE LA RUE SAINT-JACQUES

Au bas de la maison n° 63 de la rue Saint-Jacques, on remarquait encore, en 1810, une échoppe qui était habitée par une pauvre ravaudeuse nommée Marie.

Cette femme portait sur ses traits fatigués l'empreinte d'une grande résignation; ses manières polies et la propreté de sa mise faisaient voir qu'elle avait eu des jours plus heureux. En effet, Marie, quoique née dans une classe obscure de la société, avait reçu de ses parents, concierges dans une grande maison du Faubourg-Saint-Germain, une éducation au-dessus de son état, et des principes religieux qui fortifient le cœur et font supporter avec courage les maux inséparables d'une vie de travail. Marie aimait beaucoup ses parents, aussi ne voulut-elle jamais se marier tant qu'ils vécurent; ce ne fut que longtemps après leur mort qu'elle se décida à épouser un honnête ouvrier avec lequel elle vécut longtemps heureuse. Une catastrophe imprévue la plongea dans le malheur; son mari mourut après une longue et douloureuse maladie qui absorba les épargnes du ménage; et Marie, après avoir vendu le peu qu'elle possédait pour payer ses dettes, vint se confiner avec sa fille Albertine dans la pauvre échoppe dont nous avons parlé au commencement de cette histoire.

Albertine était venue au monde si frêle et si pâlotte que personne ne lui donnait plus de six mois à vivre. Elle vécut cependant à force de soins et de sacrifices. Cette bonne mère se privait de tout pour procurer du sucre et de bons aliments à sa fille, et bien souvent elle oubliait de manger pour lui acheter un biscuit. Aussi Dieu récompensa-t-il cette bonne mère en lui conservant sa fille qui devint grande et bien portante.

Pour ne pas se séparer de sa fille chérie, Marie voulut l'instruire elle-même. Albertine, qui était douce et obéissante, apprit rapidement à lire et à écrire. Marie s'attacha particulièrement à inculquer à sa fille des principes religieux; elle passait tous les jours une heure ou deux à l'entretenir des préceptes de notre religion.

Albertine écoutait avec recueillement les paroles de sa mère, et les gravait profondément dans son cœur. Ce qui frappait surtout sa jeune intelligence, c'était la bonté infinie du fils de Dieu : guérissant les malades, secourant les pauvres et appelant à lui les petits enfants. Elle se promettait bien, à son exemple, d'aimer aussi son prochain et le secourir. La mère développait chez sa fille cette vertu précoce; elle lui disait souvent : Ma fille, Dieu ordonne de s'entr'aider, et il récompense au centuple le peu de bien que l'on fait à ses semblables.

Ces excellentes leçons portaient leurs fruits, et Albertine, attentive et dévouée pour sa mère, étendait encore ses prévenances dans le voisinage. Si quelqu'un avait une commission pressée, de l'ouvrage à remettre, Albertine s'offrait avec tant de grâce qu'on ne pouvait lui refuser. Aussi était-elle adorée dans le voisinage; chacun s'empressait de donner de l'ouvrage à sa mère, de sorte qu'elle n'en manquait jamais; et l'existence de ces deux êtres, si dignes d'intérêt, sans être fortunées, était heureuse et tranquille.

Dans une étroite mansarde de la maison qu'habitaient Albertine et sa mère, demeurait aussi un vieillard perclus d'une jambe. Cet homme, à l'aspect misérable, se traînant avec peine, vivait de la charité publique. Ce mendiant était le favori d'Albertine. Tous les soirs elle allait au devant de lui, soutenait ses pas chancelants, et l'aidait à monter dans sa pauvre mansarde; puis elle préparait son frugal repas, arrangeait son lit et veillait à ce que le vieillard ne manquât de rien. Le matin elle faisait chauffer sa soupe et l'aidait à descendre, puis remontait faire son petit ménage.

Albertine avait dix ans, déjà elle aidait sa mère dans son travail et la soulageait dans les travaux du ménage. Elles étaient heureuses l'une par l'autre et leur existence était douce, lorsque tout à coup la mère d'Albertine tomba malade. Longtemps elle chercha à cacher son mal à sa fille; mais enfin la maladie devint tellement grave qu'elle fut forcée de garder le lit. Qu'on juge du désespoir d'Albertine ! Elle ne quittait plus le chevet du lit de sa mère, elle lui prodiguait tous les soins que lui suggérait sa tendresse filiale.

Les voisines qui aimaient et estimaient Marie venaient souvent la voir, une d'elles s'installa près de la malade pour aider Albertine, car la pauvre petite était épuisée par les veilles, le courage seul la soutenait.

Marie sentant les approches de la mort pria sa voisine d'aller chercher un prêtre. Après s'être confessée et avoir reçu les derniers sacrements, elle appela sa fille, et l'ayant embrassée plusieurs fois, elle lui dit : Ma bonne Albertine, nous allons bientôt nous séparer; Dieu ne permet pas que je reste plus longtemps sur cette terre, nous devons nous soumettre à sa volonté et bénir son saint nom. Je te remercie, ma fille, des soins pieux dont tu as entouré mes derniers moments. Bientôt tu n'auras d'autre appui sur cette terre que Dieu, notre père commun; il n'a jamais abandonné ses enfants, à moins que ceux-ci ne l'abandonnent. Sois toujours bonne, douce et modeste ; du haut des cieux je veillerai sur toi. Ici la voix de Marie s'affaiblit, ses paupières s'appesantirent, et par un dernier effort elle attira sa fille sur son cœur, et après l'avoir embrassée elle expira.

Si mes petits lecteurs ont bien saisi le caractère aimant et dévoué d'Albertine, ils comprendront sa douleur profonde, ses larmes et les tendres caresses qu'elle prodigue encore aux restes de sa mère. Les braves femmes, qui étaient venues l'assister dans ces tristes moments, cherchaient à la consoler ; mais rien ne pouvait arrêter cette grande douleur ; elle pleurait et priait avec ferveur, espérant que Dieu ferait un miracle en sa faveur et lui rendrait sa mère. On parvint enfin à la faire sortir de ce lieu de désolation ; une voisine l'emmena chez elle pour qu'elle ne fût pas témoin des funérailles de sa mère.

H. Duru.

(La suite au prochain numéro.)

CONSEILS A NOS JEUNES LECTRICES.

Chères petites lectrices, nous vous présentons un journal qui a un titre bien séduisant pour vous, *la Poupée!* Nous voulons d'abord vous plaire et vous amuser avec des images, des contes et des historiettes. En retour nous vous demanderons un peu d'attention pour les conseils que nous vous donnerons pour vos premiers travaux d'aiguille.

Ainsi pour le premier numéro nous ne vous recommanderons qu'une chose, de tenir votre poupée toujours avec des vêtements propres. Une tache sur sa robe ferait croire à vos amies que l'on pourrait en trouver deux sur la vôtre. Une petite demoiselle qui tient le trousseau de sa poupée proprement, annonce qu'elle a de l'ordre et de la propreté.

Après avoir regardé nos images et lu notre historiette, il sera bien de faire quelques ourlets aux mouchoirs, fichus et tabliers de votre poupée.

L'ourlet est le pli ou rebord que l'on fait à une étoffe.

Vous devez aussi avant de commencer l'ourlet assortir votre fil ou coton à la grosseur de l'étoffe que vous ourlerez.

La marque consiste en deux points : le *point droit* et le *point de côté*. Avec ces deux points vous faites les différents ouvrages de tapisserie, tableaux, pantoufles, etc.

Les dessins de tapisserie ne s'obtiennent que par la couleur de laine, de soie ou de coton que l'on emploie avec plus ou moins de goût pour nuancer les sujets que l'on veut faire.

Pour apprendre à marquer, il faut que l'enfant sache au moins compter jusqu'à quatre.

On prendra un morceau de canevas et on l'ourlera avant de s'en servir.

Tableau n° 1. — *Point droit, point de côté et œil de perdrix.*

POINT DROIT :

Piquez l'aiguille dans le canevas où vous voulez commencer votre point, comptez un, deux fils en hauteur bien en regard du trou où est votre aiguille, prenez ensuite deux fils en hauteur, laissant deux fils entre votre point; continuez en croisant le coton sur votre point et comptez quatre fils en bas. Vous continuerez ainsi en comptant toujours deux fils en hauteur, quatre fils en bas et deux fils entre, en croisant toujours votre coton sur votre point et repiquant l'aiguille dans le même trou.

C'est ainsi que vous obtiendrez le premier point de marque, appelé *point droit*.

Lorsque la jeune fille saura faire le point droit, elle encadrera le canevas de points droits. Il faudra s'exercer longtemps sur ce point et prendre l'habitude de le faire vivement et sans trop tirer son coton.

POINT DE CÔTÉ :

Le point de côté se fait comme le point droit, avec cette différence que l'on doit compter sur le côté deux fils et quatre en croisant et en passant sur le premier point; ensuite vous repiquez l'aiguille dans le premier trou et vous comptez quatre fils en descendant, laissant toujours deux fils entre. Ce point sert à arrondir la lettre et les jambages du haut et du bas de la lettre.

L'ŒIL DE PERDRIX :

L'œil de perdrix est la réunion du point droit et du point de côté.

Explication du patron d'une robe de Poupée Huret, n° 4. — Patron de Mme Leroy, rue Tronchet, 18.

LA JUPE

Couper dans le sens de la lisière de l'étoffe plusieurs bandes de la hauteur de 26 centimètres, suivant la largeur de l'étoffe; c'est-à-dire que l'on coupera trois ou quatre bandes ou plus, de manière que la jupe ait 1 mètre 10 centimètres de tour. On assemblera ces bandes ou lés par une couture. Ces lés assemblés on fera un ourlet au bas de la jupe haut de 3 centimètres. Du côté opposé, où il n'y aura pas d'ourlet, seront les plis que l'on formera en les maintenant avec un fil, c'est ce que l'on appelle bâtir. Avant de former les plis, il faudra faire un rempli. Ceci fait, on prendra le milieu de la jupe que l'on marquera par un fil. On busquera le devant de la jupe de 3 centimètres de haut sur une longueur de 18 centimètres à partir du fil marqué pour le milieu de la jupe; on formera trois gros plis crevés sur le devant. On froncera le reste qui formera le derrière de la robe Il faudra arranger ces fronces et ces plis de manière à ne laisser qu'une largeur de 20 centimètres formant la grosseur de la taille de la poupée.

N° 1. — Devant du Corsage.

Le corsage que nous donnons est plat et décolleté.

Pour rendre la coupe du corsage plus facile, on décalquera le patron sur un morceau de papier; on le coupera sur les raies formées par le crayon, on le mettra sur l'étoffe dans le sens de la lisière, on coupera l'étoffe de la même grandeur que le patron, ce qui donnera un côté du corsage; on obtiendra le second en prenant le côté coupé et en le retournant en le plaçant sur l'étoffe. C'est ainsi qu'on aura le côté droit et le côté gauche du corsage. On fera sur le devant du corsage une pince dans l'étoffe que l'on coud en biais.

N° 2. — Le Dos.

On fera pour le dos ce qui a été dit pour le devant du corsage. Pour obtenir le côté droit et le côté gauche on retournera le premier côté coupé comme nous l'avons dit pour le devant du corsage,

On coudra ensemble le n° 1 et le n° 2 dans la partie de l'étoffe qui forme le dessus de l'épaule, ensuite on réunira et on coudra le dessous du bras, en rentrant un peu d'étoffe comme l'indique le patron.

Le corsage étant cousu, on mettra une ceinture faite d'une petite bande coupée dans le sens de la lisière, longue de **22** centimètres et haute de **2** centimètres. On fera un petit rempli de chaque côté et sur les bouts; alors on placera un ruban de fil pour doubler la ceinture que l'on bâtira du côté de la jupe et que l'on piquera sur le corsage en la laissant dépasser un peu pour la joindre à la jupe. On laissera dépasser la ceinture de chaque côté d'un centimètre.

Pour joindre la jupe au corsage on fera un surjet en réunissant la jupe à la ceinture, ayant soin de piquer l'aiguille dans toutes les fronces.

Le patron n° **2** indique l'ourlet à faire sur les deux côtés. Ces deux côtés se fermeront par une agrafe à la ceinture et par un bouton dans le haut.

N° 3. — Les Manches.

On coupera les manches dans le sens de la lisière. On aura soin de couper l'échancrure à droite pour la manche droite et à gauche pour la manche gauche. Les manches seront terminées par un ourlet.

La manche se monte au corsage en plaçant la couture à l'endroit indiqué sur le patron n° **1**.

Il faudra essayer la manche à l'emmanchure du corsage et l'ajuster avant de la coudre.

On mettra une petite dentelle au bas des manches et autour du cou, avec un petit velours cousu sur le pied de cette dentelle ou ruche.

MORALITÉ

Le souvenir des bonnes actions embellit et parfume la vie comme un bouquet de roses.

*Le Directeur : **H. DURU.***

PARIS. — IMPRIMERIE ÉMILE VOITELAIN ET COMP., RUE JEAN-JACQUES-ROUSSEAU, 15

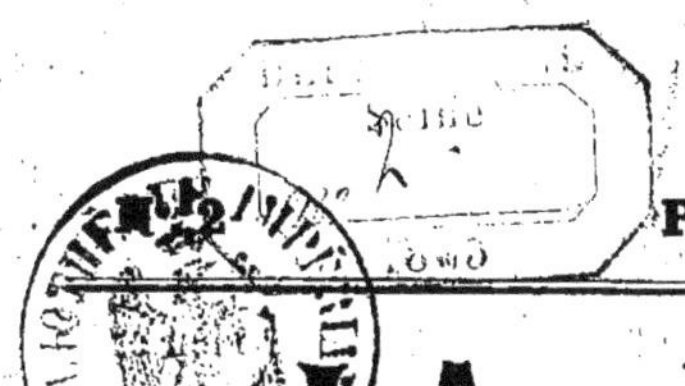

Prix : 30 c. 1er **Septembre 1863**

LA POUPÉE

RECUEIL DE TOUS LES TRAVAUX DES PETITES DEMOISELLES

IMAGES ET LECTURES AMUSANTES

Paraissant le 1er et le 16 de chaque mois

Bureau de Rédaction et d'Abonnements chez M. H. Duru, rue d'Enfer, 126, Paris
Prix de l'Abonnement : Paris, un an 10 fr.; six mois 6 fr.
Départements, un an 13 fr.; six mois 7 fr. — Étranger, un an 15 fr.; six mois 8 fr.
On s'abonne aussi chez M. Saussine, rue du Cloître-St-Jacques, 10, près la rue St-Denis;
à la Mère de Famille, rue Tronchet, 18.

L'ÉCHOPPE DE LA RUE SAINT-JACQUES

(Suite) (1)

Le pauvre mendiant en rentrant chez lui apprit la mort de la mère d'Albertine; son premier soin fut de s'enquérir d'elle. Aussitôt qu'il sut où elle était, il alla la voir. Il s'offrit de la prendre avec lui et d'en avoir soin comme de sa propre fille. Plusieurs voisines qui étaient réunies auprès d'Albertine, et qui avaient bien voulu la garder, ne se souciaient pas de la lui confier, craignant qu'elle ne fût pas heureuse avec un homme qui vivait de la charité publique. Le mendiant voyant leur hésitation et croyant démêler leurs véritables motifs, leur dit qu'il viendrait chercher leur réponse le lendemain à la même heure, et qu'il était certain qu'elle lui serait favorable. Le lendemain à l'heure convenue le mendiant fut exact au rendez-vous; il pria toutes les personnes de venir chez lui avec Albertine. En arrivant, on fut bien surpris du changement survenu dans l'intérieur du pauvre mendiant. La mansarde présentait, au lieu d'une misère profonde, un aspect de bien-être et d'aisance; des meubles propres avaient remplacé les vieux, une petite

(1) Voir la Poupée du 16 août 1863.

couchette garnie de rideaux blancs, pour Albertine, avait remplacé le vieux grabat ; le carreau était frotté, un papier neuf couvrait le mur, rien enfin n'avait été oublié. Un bon feu brillait dans la cheminée, auprès de laquelle était assise une dame à l'aspect vénérable, qui annonça aux visiteurs étonnés, qu'elle était là par ordre du vieillard, pour rester près d'Albertine, lui servir de mère et présider à son éducation. Les voisines enchantées se retirèrent en embrassant Albertine et en la félicitant d'avoir rencontré un semblable protecteur.

Le vieillard loua une petite chambre sur le même carré ; il cessa d'aller mendier afin de se consacrer entièrement à Albertine. Il surveillait avec bonheur l'éducation de sa fille adoptive ; il se plaisait à lui raconter des histoires pour la distraire, et la récompenser des soins qu'elle avait eus pour lui.

Albertine, toujours sensible et bonne, témoignait au bon vieillard toute sa reconnaissance par les soins délicats qu'elle lui rendait. Son attachement pour son protecteur était sans bornes ; aussi plus d'une fois celui-ci bénit Dieu de lui avoir donné cette enfant pour embellir ses derniers moments.

Plusieurs années s'écoulèrent ainsi ; Albertine avait grandi et était devenue une jeune fille aussi belle que modeste. Son protecteur, à qui son grand âge ne permettait plus de sortir et qui voyait sa fin approcher, songeait à marier Albertine, lorsqu'il mourut subitement. Les douleurs d'Albertine se ravivèrent en se voyant de nouveau seule et isolée sur cette terre.

Comme la famille du vieillard était inconnue, le commissaire de police fut appelé pour procéder à l'inventaire de la chambre. Tout le monde plaignait Albertine, plongée de nouveau dans le malheur et dans la misère ; mais Dieu voulait enfin récompenser sa vertu. Parmi les papiers du vieillard on trouva un testament par lequel il instituait Albertine son héritière ; il indiquait en outre une cachette où il avait déposé 40,000 francs.

Albertine fit un noble usage de sa fortune. Elle voulut que son bienfaiteur fut enterré dans un terrain particulier qu'elle acheta. Tous les jours elle allait prier sur sa tombe et sur celle de sa mère. Les pauvres étaient ses amis les plus chers ; jamais elle ne laissait passer une journée sans secourir une infortune.

Plusieurs années se sont écoulées depuis ces événements. Maintenant Albertine est mariée ; elle a de jolis enfants qui promettent d'être aussi vertueux qu'elle.

H. Duru.

FIN.

ENFANTILLAGES

Rencontre de deux Poupées

Les poupées actuelles ne sont plus ce qu'elles étaient autrefois : un jouet raide, prétentieux et qui se prêtait peu aux jeux ; maintenant faites par de véritables artistes, elles ont de la grâce et du mouvement. Aussi voyons-nous les petites demoiselles les prendre au sérieux et en faire leur petite fille, qu'elles habillent, embrassent, grondent et promènent.

Il est vrai que plusieurs artistes concourent à la perfection de ce jouet : la poupée a maintenant, comme la jeune fille, sa couturière, son cordonnier, son bijoutier et sa modiste ; tandis qu'autrefois habillée par le fabricant de poupée, elle n'offrait pas cette perfection que tous ces fabricants contribuent à lui donner.

Deux de ces charmantes poupées se sont rencontrées, il y a un mois, aux Tuileries, et ont fait l'admiration de toutes les jeunes promeneuses.

L'une appartenait à Mlle Jeanne D..., l'autre à Mlle Blanche de C...; aux soins que ces deux jeunes demoiselles donnaient à leurs jolies poupées, on voyait qu'elles devaient être chéries de leurs maîtresses. Il est vrai que ces poupées étaient bien belles : l'une, en toilette de Figaro, avait quelque chose de si frais, de si coquet, que tout le monde s'arrêtait pour la regarder ; l'autre, en toilette de première communion, avait un petit air modeste et recueilli qui faisait plaisir à voir ; aussi on ne savait vraiment à laquelle on devait donner la préférence.

Les deux jeunes demoiselles, qui étaient amies, s'approchèrent l'une de l'autre et échangèrent leurs poupées en s'adressant des compliments sur leur beauté.

Le temps passa vite ; enfin il fallut se quitter et rendre cette poupée que l'on avait admirée et portée dans ses bras pendant une heure. Les deux amies, après avoir obtenu la permission de leur mère, convinrent de maintenir l'échange qui avait été fait.

Mais ce troc laissait encore des regrets dans le cœur des jeunes filles ; on voyait que leur joie n'était pas complète. Jeanne D..., petite espiègle de huit ans, trouva un moyen bien simple de trancher le nœud gordien ; elle dit tout à coup à son amie : Blanche, allons chez un photographe, faisons faire le portrait de nos poupées, et conservons toujours leur image.

Cette idée a paru si heureuse aux petites demoiselles, qu'il est de mode maintenant d'envoyer le portrait de sa poupée à son amie.

Notre gravure représente les deux poupées de Mlles Jeanne et Blanche.

On parle beaucoup d'un jeu charmant que M. Saussine vient d'éditer ; il a pour titre : *le Jardin d'acclimatation*. Nous engageons nos jeunes lectrices à aller le voir rue du Cloître-Saint-Jacques, n° 10.

La maison Matenet, rue Saint-Martin, n° 192, a fait cette année un grand nombre de jeux nouveaux qui doivent faire les délices des enfants cet hiver.

EXPLICATION POUR APPRENDRE A MARQUER. — TABLEAU N° 4.

Le tableau n° 4 représente la lettre I. Cette lettre sert à composer un très-grand nombre de lettres, comme le B, D, E, F, H, L, N, P, T. Nos jeunes lectrices comprendront la nécessité de s'exercer longtemps sur cette lettre ; elles ne devront la quitter que lorsqu'elles pourront la faire les yeux fermés.

Manière de faire l'I.—Piquez votre aiguille à droite au faîte de l'I, faites un point de côté à droite, laissez deux fils entre, faites le point à gauche de la même manière que le côté droit, croisez votre coton dans le dernier point et descendez de deux fils, reprenez dans votre dernier point toujours en laissant deux fils entre ; continuez le nombre de points indiqué sur le tableau n° 4. Vous répétez en bas les deux premiers points que vous venez de faire en haut.

TABLEAU N° 5. — ALPHABET. — LETTRES MAJUSCULES.

Lorsque vous aurez à faire les lettres dont nous venons de donner la liste, vous commencerez par l'I. Comme chaque lettre de l'alphabet se compose du point droit et du point de côté, vous regarderez les modèles, sur lesquels se trouvent indiqués ces deux points, et avec un peu d'attention, vous arriverez à faire toutes les lettres de l'alphabet.

Pour faire l'A, faire deux points de côté ; piquer l'aiguille en descendant, laissant deux fils entre ; refaire encore deux points de côté et repiquer dans le dernier point ; refaire la même chose une seconde fois, faire un point à droite et à gauche en bas de la lettre. C'est ainsi que vous avez le premier jambage de la lettre A. Le second se fait de la même manière en piquant l'aiguille à la hauteur du troisième point.

Fany Duru.

Conseils à nos jeunes lectrices.

Une petite ouvrière propre et soigneuse ne doit laisser aucun bout de coton derrière la marque. Pour arrêter son point, elle passe l'aiguille en dessous plusieurs fois et arrête le point à l'envers de son ouvrage.

Un travail que l'on fait pour la première fois offre toujours des difficultés; nos jeunes lectrices ne doivent pas se rebuter devant ces premiers obstacles; elles doivent chercher à les vaincre par la patience et un travail souvent recommencé.

Nous engageons nos jeunes lectrices à nous adresser leurs observations sur les modèles et patrons que nous leur adressons. Si nos explications ne suffisent pas, nous les prions de nous adresser leurs réclamations, auxquelles nous nous empresserons de répondre.

Explication du patron d'une robe de poupée, costume Figaro, haute de 45 centimètres, de la fabrique de Jumeau, rue Mauconseil, n° 18.

La jupe.

La jupe doit avoir 25 centimètres de hauteur et 1 mètre de tour. Faire l'ourlet du bas de la jupe de 5 centimètres de hauteur; la grosseur de la taille doit être de 23 centimètres.

Nous engageons nos jeunes lectrices à relire l'explication, pour la coupe de la jupe, de notre premier numéro.

N° 1. — Dos d'un corsage Figaro pour une poupée de 45 centimètres de hauteur.

On prendra le modèle de ce patron, soit en le décalquant, comme nous l'avons indiqué dans notre premier numéro, soit avec du papier transparent. Ceci fait, on coupera, sur ce nouveau modèle, un autre patron en papier fort, qui servira à couper le dos du corsage sur l'étoffe.

N° 2. — *Petits côtés.*

Les indications sur les patrons doivent suffire pour couper et coudre les petits côtés sans se tromper.

N° 3. — *Devant du corsage.*

Je donne les deux côtés du corsage pour rendre la taille plus facile. Je recommande de ne pas couper les deux devants du même côté, c'est-à-dire qu'il faut en posant les patrons sur l'étoffe que les coutures du dessous des bras ne soient pas l'une à côté de l'autre.

N°s 6 et 7. — Les manches.

Je donne les patrons des deux manches pour que la coupe soit plus facile. Les explications sur les patrons doivent suffire pour les coudre et les joindre au corsage.

Ornements.

Les ornements doivent être en passementeries, placés sur les coutures, autour du col, sur les manches et au bas de la jupe. Je donne une gravure représentant le devant et le derrière du corsage pour que mes jeunes lectrices puissent bien imiter ce charmant costume.

LES SOURIS BLANCHES

ou

LE PETIT MOULIN

Palmi était une charmante petite fille de onze ans ; Nurga, son frère, un joli petit garçon de douze ans ; ils avaient pour père un prince souverain de l'Inde.

Ce prince, comme tous les rois de ce pays, aimait beaucoup la chasse ; il se livrait à cet exercice avec une telle passion, que souvent il exposait sa vie en attaquant seul les bêtes les plus dangereuses des forêts de l'Inde. Souvent aussi, il quittait sa suite, s'enfonçait dans les profondeurs des bois et ne revenait que le lendemain à son château.

Un an avant le jour où commence notre histoire, le roi était parti avec une suite nombreuse pour aller chasser chez un prince son voisin, et depuis ce moment on ne l'avait jamais revu.

Toutes les recherches que l'on avait faites avaient été infructueuses, et tous ses sujets étaient persuadés qu'il avait été tué par quelque bête féroce.

Palmi et Nurga ne pouvaient se consoler de la mort de leur père ; souvent on voyait ces deux enfants errer dans les allées de leur jardin en s'entretenant de la perte cruelle qu'ils avaient faite et verser des larmes abondantes.

Le prince Nurga, d'après les lois du pays, devait hériter du trône de son père. Les grands du royaume nommèrent régente la tante du jeune prince. Cette princesse était ambitieuse et méchante.

Elle avait un fils et osa concevoir le projet odieux de le faire régner en sacrifiant son neveu. Elle avait pour confident un homme, nommé Arca, aussi méchant qu'elle, et tous deux résolurent de faire périr le prince Nurga et sa sœur.

Pour mieux cacher leur crime, ils décidèrent qu'Arca organiserait une chasse à laquelle la reine assisterait avec le prince Nurga et sa sœur, et qu'au moment du tumulte Arca prendrait les deux enfants et les ferait conduire dans une grande forêt lointaine, où ils seraient abandonnés.

C'est dans cette immense forêt que nous retrouvons Palmi et Nurga, tous deux bien tristes et bien effrayés de se trouver seuls au milieu de la solitude des bois. Cependant le jeune prince ne perdit pas courage ; il se dirigea vers une éclaircie qu'il aperçut à quelque distance ; arrivé à cette clairière, il vit un ruisseau sur lequel était un pont, au bout duquel était un charmant petit moulin.

La vue de ce moulin, qui paraissait habité, rassura complétement le prince et la princesse ; ils traversèrent le pont ; arrivés au moulin, ils frappèrent un petit coup à la porte qui s'ouvrit d'elle-même.

Ils ne virent d'abord personne, mais en dirigeant leurs regards vers la terre, ils furent bien surpris de voir trois charmantes petites souris blanches, coiffées coquettement toutes trois d'un petit chapeau surmonté d'une plume rouge. Les petites souris ôtèrent poliment leur chapeau et saluèrent le prince et la princesse en les invitant à entrer dans leur moulin pour se reposer.

D'abord Palmi et Nurga furent bien étonnés d'entendre parler des souris (ils ignoraient qu'ils étaient dans le pays des fées), ils croyaient rêver ; mais rassurés par l'air affable de ces charmantes petites souris, ils n'hésitèrent pas à accepter leur invitation, et suivirent leurs conductrices ; ils arrivèrent dans une jolie salle à manger, où ils trouvèrent un grand nombre de souris blanches et une table chargée d'une magnifique collation.

Les trois premières souris invitèrent le prince et la princesse à se mettre à table. La plus âgée leur dit qu'ils étaient attendus ; que la reine des fées, qui habitait un château près du moulin, avait fait préparer cette collation.

Les deux enfants, qui n'avaient rien mangé depuis le matin, sentaient leur estomac crier famine ; aussi ils se mirent à table et firent honneur à la collation de la reine des fées.

Le prince et la princesse ne pouvaient se lasser d'admirer l'adresse des souris, qui, au moyen de petits chariots, faits pour cet usage, faisaient arriver tous les plats sur la table et les desservaient de la même manière.

Ce qu'ils admirèrent le plus, ce fut une jolie petite pompe qu'une souris (l'échanson sans doute) apporta sur la table ; elle plaça l'extrémité de cette pompe sur le bouchon d'une bouteille, appuya légèrement sur un ressort avec sa patte, aussitôt il sortit un jet de vin qui tomba dans le verre du prince.

Lorsque le verre fut plein, la souris leva la patte et le vin cessa de couler. C'était par des moyens aussi ingénieux que tout le service se faisait.

Lorsque Palmi et Nurga eurent terminé leur repas, la souris qui paraissait commander aux autres, et qui portait une plume plus longue et plus belle sur la tête, s'avança respectueusement vers eux, ôta son chapeau et les engagea à aller se promener dans le jardin.

Elle les précéda et les conduisit sur une magnifique pelouse qu'ils traversèrent ; au bout se trouvait une allée d'orangers qui étaient couverts de fruits mûrs.

Cette allée les conduisit dans un jardin d'une beauté admirable ; ils virent des fruits d'une grosseur prodigieuse, des légumes prêts à cueillir, des fontaines en marbre et en or, des bassins pleins d'une eau claire et limpide, des bosquets couverts de fleurs qui parfumaient l'air, et un nombre prodigieux d'oiseaux, couverts d'un plumage varié et éclatant, qui remplissaient l'air de leurs chants harmonieux.

Comtesse de Chaleska.

(La suite au prochain numéro.)

Nous prévenons nos abonnés que par suite du grand nombre de numéros d'essai qui nous ont été demandés et des fortes demandes de la librairie, il nous a été impossible de faire paraître notre second numéro le 1er août. Nous avons dû faire un second tirage du premier numéro qui porte la date du 16 août ; en conséquence tous les abonnements, pris jusqu'à ce jour, partiront du 16 août. Nos mesures sont prises pour que notre journal paraisse à l'avenir, sans interruption, le 1er et le 16 de chaque mois.

Prix de l'Abonnement :

Paris : un an, **10** fr.; six mois, **6** fr.

Départements : un an, **13** fr.; six mois, **7** fr.

Étranger : un an, **15** fr.; six mois, **8** fr.

On reçoit un numéro d'essai contre 50 c. en timbres-poste.

Le bureau de rédaction et d'abonnements : chez M. H. Duru, directeur, rue d'Enfer, 126.

Ecrire *franco*; joindre un mandat à l'ordre de M. H. Duru, rue d'Enfer, 126, Paris.

Le Directeur : **H. DURU.**

PARIS. — IMPRIMERIE ÉMILE VOITELAIN ET COMP., RUE JEAN-JACQUES-ROUSSEAU 15

N° 3 Prix : 30 c. 16 Septembre 1863

LA POUPÉE

RECUEIL DE TOUS LES TRAVAUX DES PETITES DEMOISELLES

IMAGES ET LECTURES AMUSANTES

Paraissant le 1ᵉʳ et le 16 de chaque mois

Bureau de Rédaction et d'Abonnements chez M. H. Duru, rue d'Enfer, 126, Paris
Prix de l'Abonnement : Paris, un an 10 fr.; six mois 6 fr.
Départements, un an 13 fr.; six mois 7 fr. — Étranger, un an 15 fr.; six mois 8 fr.
On s'abonne aussi chez M. Saussine, rue du Cloître-St-Jacques, 10, près la rue St-Denis;
à la Mère de Famille, rue Trouchet, 18.

LES SOURIS BLANCHES

OU

LE PETIT MOULIN

(Suite) (1)

Après avoir fait voir au prince et à la princesse tout ce que le jardin renfermait de curieux, la souris les conduisit vers un pavillon en marbre et en or d'une grande richesse d'architecture ; arrivée près du perron, elle s'adressa à Nurga et lui dit : Prince, ma mission se termine ici, je vais vous remettre entre les pattes des chiens de la reine qui ont ordre de vous accueillir comme vous l'avez été au moulin. En terminant ces mots, la souris salua et disparut. Au même instant se présentèrent deux jolis chiens caniches, l'un blanc et l'autre noir, tous deux bien lavés et peignés, et coiffés d'un petit chapeau semblable à celui des souris.

Ils saluèrent Palmi et Nurga et les engagèrent à entrer dans le pavillon

(1) Voir *la Poupée* du 1ᵉʳ septembre 1863.

pour y passer la nuit. Ils furent conduits dans une belle chambre à coucher où ils trouvèrent deux lits, dans lesquels ils ne tardèrent pas à s'endormir en pensant à toutes les choses étonnantes et merveilleuses qu'ils avaient vues dans la journée.

Le lendemain matin, le prince et la princesse se réveillèrent aux sons d'une musique délicieuse qui paraissait venir du jardin; ils ouvrirent une fenêtre et virent une vingtaine de chiens caniches qui jouaient de divers instruments, et exécutaient des morceaux que n'auraient pas désavoués nos plus célèbres musiciens.

Un léger bruit qu'entendirent Palmi et Nurga leur fit tourner la tête; ils virent un jeune chien caniche qui leur présenta une lettre sur un plat d'argent; cette lettre venait de la reine des fées. Elle engageait le prince et la princesse à déjeûner. Une voiture magnifique, traînée par huit gros chiens caniches, les attendaient à la porte du pavillon. Ils partirent; cinq minutes après ils étaient en présence de la reine, qui les accueillit avec beaucoup de bonté.

La reine leur dit qu'elle était la protectrice de leur père, et que l'amitié qu'elle avait pour lui elle la reporterait sur eux s'ils continuaient à être toujours bien sages. Elle ajouta qu'elle était de retour, depuis quelques jours seulement, d'un long voyage, qu'en arrivant elle avait appris la disparition de leur père; qu'aussitôt elle avait fait faire des recherches qui avaient été couronnées d'un plein succès : leur père n'était pas mort, mais prisonnier d'un prince félon, que par ses soins il avait été délivré.

La reine achevait à peine ce récit qu'on entendit un grand bruit dans la cour, et deux minutes après le prince et la princesse étaient dans les bras de leur père.

Il est inutile de vous dire, mes chères petites lectrices, que le déjeuner fut très-gai et que Palmi et Nurga furent heureux de retrouver leur père qu'ils croyaient mort depuis longtemps.

Le lendemain matin, après avoir remercié la bonne reine des fées, ils partirent tous trois pour le royaume du père de Nurga.

Le roi fit mettre à mort le traître Arca, et la tante cruelle du prince et de la princesse fut renfermée dans une prison.

Comtesse de Chaleska.

FIN.

Les Poupées chez tous les peuples

Les jeux ont été de tous les temps et chez tous les peuples. Tous nos jeux étaient connus des anciens, et les enfants s'y livraient avec autant d'ardeur que de nos jours. Nous ne parlerons aujourd'hui que de la poupée, et nous dirons que chez tous les peuples du monde la poupée a toujours été le jouet préféré des petites filles; que les jeunes Égyptiennes, Syriennes, Grecques, Romaines, Indiennes, etc., avaient des poupées qu'elles habillaient, désabillaient, boudaient, grondaient, battaient et caressaient tour à tour, comme le font maintenant mes petites lectrices.

Comme vous, mes chères petites lectrices, la petite fille égyptienne disait, il y a deux mille ans, en parlant à sa poupée : Mademoiselle, tenez-vous droite; mademoiselle, restez tranquille; eh bien! qu'est-ce que je dis? mademoiselle, vous êtes bien méchante. Convenez qu'il vous arrive souvent d'en dire autant à vos poupées, particulièrement lorsque vous n'êtes pas de bonne humeur.

Généralement, chez les anciens peuples, l'époque des poupées se prolongeait plus longtemps chez les jeunes filles que chez les peuples modernes; elles disaient, pour se justifier, que c'était pour apprendre à coiffer, à habiller, à couper et à faire des robes.

En Chine, au Japon et dans l'Inde, les poupées ressemblent beaucoup, pour leur perfection, aux poupées d'Allemagne et de France; elles sont faites en carton ou en porcelaine et on les habille de riches étoffes.

La tête, les mains, les bras et les jambes sont généralement en porcelaine. Par un mécanisme habile, on peut donner à la poupée des attitudes variées, les faire asseoir, tenir debout et marcher.

Le costume se compose d'une chemise en crêpe de Chine, d'un jupon étroit qui s'attache autour des reins, et d'un grand manteau à manches couvert de riches broderies qui retombe jusqu'aux pieds, une large ceinture brodée entoure tous ces vêtements et sert à placer un éventail.

En Afrique, les poupées sont dans l'enfance de l'art; elles sont fabriquées en bois et couvertes d'un pagne.

Dans l'Océanie, les poupées sont généralement faites en os, avec plus de perfection qu'en Afrique, mais très-mal habillées.

Les poupées les plus extraordinaires sont celles du Brésil et du Mexique. Elles représentent toujours des négresses et sont faites avec des morceaux de soie noire, cousus avec beaucoup de talent; des morceaux de soie blanche figurent les yeux, les doigts et les pieds. Cet assemblage de soie noire et blanche donne à ces poupées un aspect bizarre.

En Espagne, en Angleterre, en Russie et en Italie, on fabrique des poupées, mais généralement on les tire de France et d'Allemagne.

Les poupées japonnes ressemblent au vilain pays qui les fabrique. Elles se composent d'un paquet de chiffons qui forme la tête, le reste du corps de longs sacs remplis d'herbe, qui représentent les bras, le corps et les jambes. Chez les sauvages, les poupées sont des jouets informes, habillées avec des blouses et coiffées de plumes éclatantes.

Nos jeunes lectrices verront, par ce léger aperçu, qu'elles sont les mieux partagées, et que ce n'est qu'en France que la poupée a atteint le dernier degré de perfection.

LA MARQUE. — TABLEAU N° 6.

J'engage mes petites lectrices à relire ce que j'ai dit dans le précédent numéro pour faire l'i. Le tableau que je donne aujourd'hui est un peu plus compliqué que le précédent; les points sont plus serrés, mais se font de la même manière; il s'agit donc d'apporter un peu plus d'attention.

Nous recommandons à nos jeunes élèves de prendre un canevas de la grosseur de celui du tableau n° 6, d'avoir toujours ce tableau sous leurs yeux et de piquer leur aiguille dans le canevas au point indiqué sur le tableau.

La marque n'est point un travail difficile, mais à l'âge de mes jeunes élèves il offre quelques difficultés; pour les vaincre elles doivent se rappeler que ce travail est la base de la broderie et de la tapisserie. En apprenant à marquer vous apprenez donc ces deux travaux d'aiguille. Le temps que vous passerez à apprendre à marquer ne sera donc pas un temps perdu. Aussi, j'engage mes jeunes élèves à s'y appliquer sérieusement et à ne pas se rebuter devant les difficultés qu'elles rencontreront.

LE BON PETIT LAPIN

Il y avait une fois une charmante petite fille qui habitait avec sa mère une jolie maisonnette au milieu d'un jardin, couvert de grands arbres fruitiers qui donnaient tous les ans les fruits les plus beaux.

Cette petite fille, qui s'appelait Louise, avait un lapin blanc qui la suivait comme un petit chien et qu'elle aimait le plus après Dieu et sa mère. Lorsqu'elle allait se promener elle emmenait son Ribi, c'est ainsi qu'elle nommait son lapin, elle le conduisait dans les endroits les plus fournis d'herbes; elle s'asseyait, et pendant que Ribi broutait l'herbe, Louise tricotait, brodait ou lisait; elle savait qu'une petite fille doit toujours travailler et que l'oisiveté est un bien vilain défaut. Souvent Ribi quittait son herbe et venait trouver Louise; il mettait ses pattes sur ses genoux et montait jusqu'à ses épaules pour lui passer la tête sur la joue, puis il retournait brouter en gambadant et en jouant avec les brins d'herbes qu'il rencontrait sur son chemin.

Un jour que Louise était assise dans un pré, avec son cher Ribi qui mangeait l'herbe à quelques pas d'elle, il vint à passer une vieille femme, à l'air méchant, qui lui dit qu'elle allait prendre son lapin parce qu'elle avait envie de le manger. La pauvre Louise courut prendre son Ribi, le mit sous son bras et voulut se sauver; mais la vieille la retint par le bras, et lui dit : Ah ! ah ! tu ne veux pas me donner ton lapin, eh bien! tu seras lapin toi-même.

Au même instant la pauvre Louise n'était plus qu'un gros lapin. Louise, sous sa nouvelle forme, était bien embarrassée, elle ne savait plus de quel côté aller. Ribi voyant son embarras fut près d'elle, la prit doucement par l'oreille, et l'engagea ainsi à le suivre. Louise comprit et suivit son ami Ribi, devenu son protecteur. Ils rentrèrent à la maison. La mère de Louise fut bien surprise de voir deux lapins au lieu d'un, et elle fut encore plus étonnée et affligée de voir que Louise ne rentrait pas. Elle la chercha longtemps; mais comme bien vous pensez inutilement. La pauvre mère était inconsolable de la perte de sa fille. Elle ne trouvait de distraction que dans les caresses de ses deux lapins, qui faisaient mille gentillesses autour d'elle pour la distraire. Louise souffrait beaucoup de voir sa mère pleurer sa fille et de ne pouvoir lui dire qu'elle était près d'elle.

Il fallait cependant qu'elle supportât sa triste position avec résignation. Souvent elle se retirait dans un petit coin pour gémir à son aise; alors elle oubliait de manger. Quand Ribi la voyait ainsi s'isoler, il allait aux champs chercher les herbes les plus fraîches et les plus délicates et les apportait à Louise ; alors il l'engageait par mille caresses et gentillesses à en manger un peu avec lui. Louise voyant une amitié si tendre, oubliait un moment sa douleur pour faire plaisir à son cher Ribi.

Quelquefois après ces petites dinettes ils allaient faire une partie de course dans le jardin, et ils revenaient plus joyeux à la maison, en rapportant toujours à la mère de Louise soit une carote ou un navet.

Un jour qu'ils étaient allés dans un champ voisin du jardin, ils virent une belle dame qui était assise sous un arbre; cette dame, lorsqu'elle aperçut les deux lapins, appela : Louise! Louise! Notre pauvre petite fut bien surprise d'entendre son nom; elle regarda s'il n'y avait pas une petite fille aux environs, ne voyant personne, elle se hasarda à aller près de la dame, qui la voyant venir lui dit doucement d'approcher.

Comtesse de Chaleska.

(La suite au prochain numéro.)

LA POUPÉE

Air : Bouton de Rose.

Une Poupée
Est-il plaisir plus ravissant.
Mère, à votre fille adorée,
Croyez-moi, faite le présent.
   De ma Poupée!

Car ma Poupée,
Du travail montre le chemin.
L'enfant le soir à la veillée
Fait la robe du lendemain,
   Pour sa Poupée!

Belle Poupée,
Après l'étude chaque jour,
De plaisir mon âme est charmée,
Le soir quand je suis de retour,
   Vers ma Poupée!

Chère Poupée,
Compagne de l'âge enfantin
Quand par maman je suis grondée,
Qui chasse au loin tout mon chagrin,
C'est ma Poupée !

Sans ma Poupée,
Si je devais, hélas, sortir
Les beaux dimanches de l'année,
Où trouverais-je le plaisir,
Sans ma Poupée !

Pauvre Poupée,
Au sein d'un maternel amour
Lorsque j'aurai l'âme enchaînée,
Il me faudra dire à mon tour,
Adieu Poupée !

QUINCHEZ.

Explication du patron de poupée, corsage russe, haute de 45 centimètres, de la fabrique de Jumeau.

ROBE.

Robe en soie, corsage russe ; mettre une garniture ruchée autour du corsage.

Corsage blanc plissé ; plis crevés, entre-deux autour du col et au bas des poignets. Un petit velours passé dans l'entre-deux du col et des poignets.

Illustrer le tout d'un petit nœud de velours au col et aux poignets.

La garniture de la robe se compose de trois rangs de garniture placés verticalement et légèrement inclinés ; ces trois rangs de garniture doivent être distancés de manière à en placer sept autour de la jupe.

La Jupe.

Voir le numéro de notre Journal pour la coupe de la jupe. Hauteur de la jupe, vingt-cinq centimètres ; tour de la jupe, un mètre ; grosseur de la taille, vingt-trois centimètres ; ourlet du bas de la jupe, trois centimètres de hauteur.

Devant du Corsage.

Relire la manière de couper le corsage dans les deux premiers numéros.

Réunir et coudre l'étoffe du devant du corsage avec le dos dans la partie qui forme le dessus de l'épaule.

Dos.

Couper les deux côtés du dos comme l'indique le patron.

Réunir et coudre l'étoffe du devant du corsage avec le dos, dans la partie qui forme le dessus de l'épaule, marquée d'un zéro pour le côté gauche et de deux zéros pour le côté droit.

Les deux côtés du dos se fermeront par une agrafe à la ceinture et un bouton dans le haut.

Corsage blanc plissé.

Des numéros indiquent les parties du corsage qui doivent être réunies.

Le haut du corsage se terminera par l'entre-deux ; le bas par une petite bande d'étoffe de 4 centimètres de largeur, pliée, dans laquelle se trouvent arrêtés les plis du corsage.

Les deux côtés du dos se fermeront par deux boutons, un à la ceinture, l'autre au col.

Manches blanches.

Les manches que nous vous donnons sont bouffantes, d'une coupe très-élégante et gracieuse, mais d'une exécution assez difficile. Nous appelons toute l'attention de nos jeunes élèves lorsqu'elles monteront ces manches au corsage ; elles devront suivre attentivement les indications portées sur le patron ; bâtir les manches et les présenter aux emmanchures avant de les coudre. Elles mettront un petit passe-poil aux emmanchures. Le bas de la manche froncé et cousu sur le poignet.

Par une erreur du dessinateur, le costume de communiante que devait représenter notre dernière gravure, a été remplacé par une pierrette ; cette erreur est réparée dans notre numéro d'aujourd'hui.

Le Directeur : H. DURU.

PARIS. — IMPRIMERIE ÉMILE VOITELAIN ET COMP., RUE JEAN-JACQUES-ROUSSEAU 15

N° 4   Prix : 30 c.   1ᵉʳ Octobre 1863

LA POUPÉE

RECUEIL DE TOUS LES TRAVAUX DES PETITES DEMOISELLES

IMAGES, MUSIQUE, DESSIN ET LECTURES AMUSANTES

Paraissant le 1ᵉʳ et le 16 de chaque mois

Bureau de Rédaction et d'Abonnements chez M. H. DURU, rue d'Enfer, 126, Paris
Prix de l'Abonnement : PARIS, un an 10 fr.; six mois 6 fr.
DÉPARTEMENTS, un an 13 fr.; six mois 7 fr. — ÉTRANGER, un an 15 fr.; six mois 8 fr.
On s'abonne aussi chez M. SAUSSINE, rue du Cloître-St-Jacques, 10, près la rue St-Denis;
à la Mère de Famille, rue Tronchet, 18.

Voulant faire plaisir à nos jeunes lectrices et rendre notre journal instructif et amusant, nous publierons une fois par mois un morceau de musique et nous commencerons prochainement un petit cours de dessin à l'usage des jeunes demoiselles. Nous promettons d'apporter dans notre publication toutes les améliorations possibles, et de ne reculer devant aucune dépense pour rendre notre journal utile aux familles.

Quelques abonnés nous ont prié de faire colorier les poupées; nous nous sommes empressés d'accéder à ce désir.

LE BON PETIT LAPIN

—

(Suite) (1)

Alors elle la prit dans ses bras, la caressa et lui dit : Tu es bien malheureuse, ma pauvre Louise, tu as été changée en lapin par la fée *Croquetout;* je suis plus puissante qu'elle et je vais te faire reprendre ta première forme.

(1) Voir *la Poupée* du 16 septembre 1863.

Alors la belle dame toucha Louise de sa baguette; aussitôt elle redevint ce qu'elle était, une jolie et bonne petite fille. Elle voulut remercier la bonne fée, mais elle avait disparu.

La fée *Croquetout*, dont la haine contre Louise n'était pas éteinte, surveillait toutes les actions de cette pauvre petite; sa science lui apprit que Louise venait de reprendre sa première forme; furieuse, elle partit, montée sur sa béquille, et arriva devant Louise, au moment où celle-ci s'était retournée pour remercier la bonne fée.

Louise trembla en voyant son ennemie devant elle; mais au moment où la méchante fée *Croquetout* allait frapper Louise avec sa béquille, la fée, sa protectrice, se plaça devant elle, toucha la méchante fée de sa baguette et lui ordonna de se retirer; *Croquetout* obligée de céder devant la puissance de sa rivale, jeta un grand cri et disparu.

Louise prit son cher Ribi dans ses bras, rentra chez sa mère à qui elle raconta ce qui lui était arrivé. La mère de Louise, craignant la colère de la méchante fée *Croquetout*, quitta le pays avec sa chère Louise et le bon Ribi, et alla s'établir dans un village bien éloigné de sa première demeure. Là, tous trois vécurent longtemps, heureux par l'amitié qu'ils avaient l'un pour l'autre.

Comtesse de Chaleska.

FIN.

LA MARQUE.

Marquoir : Morceau de toile carré ou de canevas où sont les lettres de l'alphabet, les chiffres et autres petits sujets.

Nous donnons à nos jeunes élèves le marquoir, parce que nous supposons qu'elles ont profité de nos leçons et qu'elles savent marquer.

Le marquoir doit être ourlé et entouré d'une bordure brodée, faite avec du coton de plusieurs couleurs. Les petits sujets que représente le marquoir doivent être faits également avec du coton de plusieurs couleurs. On peut aussi faire les lettres de l'alphabet de plusieurs couleurs; faire, par exemple, une lettre rouge et une lettre bleue, le coup d'œil n'en est que plus agréable.

Nous engageons nos jeunes élèves à soigner le travail de leur marquoir, car c'est la première broderie qu'elles doivent offrir à leur mère.

HISTOIRE D'UNE CHÈVRE

Venez, chers enfants aux joues blanches et roses, aux cheveux blonds comme le lin que filait ma grand'mère, venez autour de moi ; quittez vos jeux pour un instant, et asseyez-vous sur ce canapé, je vais vous dire une histoire que vous raconterez à vos petits frères, l'hiver prochain, au coin du feu.

D'abord, transportez-vous en imagination sur une des falaises les plus hautes de la Bretagne, sur un de ces rochers qui bordent la côte, et que la mer bat sans cesse avec un bruit qui fait penser à Dieu. Là, dans un enfoncement creusé entre deux rocs, il y avait un espace d'environ trente pieds, sur lequel reposait une toute petite chaumière, bâtie avec les débris de quelque malheureux navire brisé sur la plage par une nuit de tempête. Quoique cet espace fût bien rétréci, trois personnes y vivaient à l'aise, et le soleil souriait d'aussi bon cœur aux vitraux de la maisonnette, au vert gazon et aux roses sauvages qui l'entouraient, qu'au palais des Tuileries et à son majestueux jardin. Le maître de cette modeste habitation était un pauvre homme qui gardait les troupeaux de vaches des riches métayers de la vallée. Ce bonhomme avait deux petits garçons de huit à dix ans, qui, tout jeunes qu'ils étaient, menaient déjà paître une trentaine de moutons sur la pente verte des falaises, du côté où, à l'abri du vent de la mer, elles s'inclinaient doucement jusqu'au fond de la vallée.

Pendant l'été, tout allait bien à la chaumière, et le grand bahut de noyer, le plus beau meuble de la chambrette, n'était jamais vide de pain bis ; mais l'hiver, lorsque la neige couvrait de son blanc manteau les vallons et les montagnes, lorsque les vaches restaient enfermées dans leur chaude étable, alors le pauvre homme ne gagnait plus rien. Donc, un soir du mois de février 1820, il fut contraint de se coucher sans souper lui et ses deux fils. Le lendemain matin avant le jour — on dort peu quand on a faim — le pauvre homme prit son sac de toile et dit à ses petits :

- « Attendez-moi, mes enfants, je vais chez les bons fermiers de la vallée, dans une heure je vous rapporterai du pain. »

Cependant le temps s'écoulait et le pauvre homme ne revenait pas à la chaumière ; la faim et l'inquiétude tourmentaient cruellement les deux pauvres enfants. Enfin l'aîné, qui s'appelait Paul, dit à son frère :

« Robert, si tu veux, nous irons sur le chemin au devant de papa ; peut-être est-il au bas de la falaise, nous porterons son sac tous deux pour qu'il soit moins fatigué?

— Allons vite, répond Robert, la vue de ses enfants lui réjouira le cœur. »

Et tous deux sortirent de la cabane se tenant par la main. A peine avaient-ils marché deux ou trois cents pas, qu'ils entendirent un bruit singulier.

« Frère, n'as-tu point entendu quelque bruit? demanda Paul.

— Non, c'est sans doute le vent qui gémit dans un buisson de houx.

— *Mai-ai-ai-ai*.... fit une petite voix chevrotante et plaintive.

— Je n'en puis douter, s'écria l'aîné, c'est la voix d'une biquette!

— De quel côté? demanda Robert.

— Là-bas, à droite, derrière les buissons de genévriers, répondit Paul, courons, nous verrons ce que c'est. »

Les deux enfants marchèrent à grands pas, guidés par la voix du petit animal, qui répétait sans cesse du ton le plus déchirant : *mai-ai-ai-ai!*

« Elle se meurt de faim, sans doute, la pauvre petite bête, murmura Paul. C'est une horrible chose que la faim! Il n'y a pas un pouce d'herbe à manger; la neige couvre tout. Courons vite, Robert, courons, nous la sauverons, nous l'emmènerons à la maison.

— Qu'en ferons-nous? répondit le cadet, elle n'aura pas plus d'herbe à la maison qu'ici.

— C'est égal, allons toujours, advienne que pourra... Entends-tu comme elle crie douloureusement?

Quand les deux enfants arrivèrent derrière les buissons de genévriers, un triste spectacle vint frapper leurs regards : Une pauvre chèvre était étendu sur la neige, et près d'elle une petite chevrette, blanche et gracieuse comme celle que vous avez dans votre salon jouant avec la Esméralda, gémissait pour la réveiller. De temps en temps elle suçait la mamelle de sa mère; mais la mamelle pendait froide, desséchée, vide de lait et de vie.

« Frère, dit l'aîné des deux enfants, cette petite biquette n'a plus de mère pour la nourrir ; elle est seule, elle mourra de faim, je veux l'emmener à la maison.

— Qu'en feras-tu? répondit le cadet, laisse-là ici. Que lui donneras-tu à manger?

— Je partagerai mon pain avec elle, s'il le faut, mais je ne puis l'abandonner. Nous avons perdu notre mère, Robert, ajouta-t-il en essuyant une larmé, et si Dieu nous avait aussi retiré notre père, n'aurions-nous pas été heureux de la pitié d'un passant?

A ces mots il appela la chevrette; mais elle ne voulut pas venir, et ce ne fut qu'après que Paul eut couvert de neige le corps de la chèvre morte, que la biquette, ne voyant plus sa mère, se décida à suivre son libérateur. En rentrant Paul partagea avec le petit animal le pain que lui avait apporté son père, qui enfin était revenu de sa tournée. Peu à peu, à force de soins, la biquette se familiarisa avec les deux enfants et les suivait comme un chien.

Environ un mois après, l'hiver n'étant pas encore terminé, un jour qu'il faisait sombre et que la neige était plus épaisse que jamais, le bonhomme de la chaumière mit son sac de toile sur le dos, prit Paul par la main et descendit dans la vallée, laissant Robert à la maison seul avec la biquette. Vers le soir, Robert s'en alla comme la première fois au devant de son père qui tardait à revenir; mais il s'éloigna trop de la maison, et en faisant quelques pas hors du chemin, il tomba dans un trou et disparut sans pouvoir crier, tant la neige l'étouffait. La biquette qui avait suivi Robert pas à pas, tourna autour du trou en bêlant tristement. Or, le bonhomme passait précisément près du trou en regagnant sa chaumière. Il entendit les cris de la biquette.

« Qu'y a-t-il donc? demanda-t-il à son fils; comment se fait-il que la biquette soit ici? Et pour quelle raison pousse-t-elle des gémissements plaintifs.

— Ciel! s'écria Paul, je vois un trou dans la neige, Robert sera tombé au fond.

COMTESSE DE CHALESKA.

(La suite au prochain numéro.)

Explication du patron du Saute-en-Barque.

Notre patron donne la grandeur exacte d'un Saute-en-Barque pour une poupée de 45 centimètres de hauteur.

Dos.

Nous ne donnons qu'un côté du dos, le côté droit, il suffira de le retourner sur l'étoffe pour couper le côté gauche.

Devant. — Côté droit.

Nous donnons le côté droit du Saute-en-Barque; comme pour le dos on retournera le patron sur l'étoffe pour couper le côté gauche.

Manches.

Nos jeunes élèves doivent suivre la même méthode pour couper les manches; elles doivent d'abord couper la manche gauche que nous donnons, ensuite retourner le dessus et le dessous de la manche sur l'étoffe avant de couper la manche droite.

Col.

Lorsque le col sera coupé, on devra coudre le milieu sur la couture du dos et continuer ensuite cette couture des deux côtés.

Parements.

Mettre les parements sur le bas des manches; couvrir le bas des manches et le parement avec un ruban et l'entourer d'un même ruban. Arrêter par un point seulement le haut du parement, à l'angle.

Poches.

Les placer à l'endroit indiqué sur le patron.

Le Saute-en-Barque devra être bordé d'un petit ruban assorti à la couleur de l'étoffe. Les poches doivent également être bordées.

Fermer le Saute-en-Barque avec quatre boutons en cuir; placer ces boutons par deux sur la même ligne.

La poupée Japonaise que donne aujourd'hui notre journal a été dessinée sur une véritable poupée Japonaise que possède notre dessinateur; il a bien voulu nous communiquer les circonstances qui l'ont rendu possesseur de ce jouet vraiment curieux; il nous avait promis de nous donner une légende qui se rattache à cette poupée. Nous pensions pouvoir la publier dans notre numéro d'aujourd'hui, mais une maladie subite ne lui a pas permis de nous la remettre à temps. Nous promettons de la publier dans notre prochain numéro.

LE PETIT BOSSU.

Dans la ville de Harlem, en Hollande, il y avait, il y a bien longtemps, un tailleur qui avait cinq fils; les quatre premiers étaient grands et robustes, mais le cinquième était petit, malingre et bossu. Ce pauvre enfant était tellement contrefait qu'il était un objet d'horreur pour ses parents.

Cependant si la nature lui avait refusé les dons du corps, elle l'avait amplement dédommagé du côté des dons de l'esprit.

Il était habile à tout ce qu'il faisait et sa conversation était toujours polie et spirituelle. Malgré ces dons de l'esprit et son caractère doux et aimant, ses parents le détestaient et lui faisaient souffrir mille maux. Le pauvre enfant ne se plaignait jamais et supportait ses souffrances avec résignation. Souvent le père, d'un caractère dur et méchant, lui reprochait sa difformité et le chassait de sa présence. Sa mère, aussi méchante, repoussait ce pauvre enfant lorsqu'il venait se réfugier près d'elle. Pour ses frères, ils étaient encore plus mauvais pour lui. Aussi ce malheureux petit bossu n'avait-il aucun protecteur dans sa famille. Sa seule ressource était d'aller pleurer dans sa chambre, et d'attendre que la colère de ses parents fût passée.

Souvent le mari reprochait à sa femme de lui avoir donné un petit monstre pour fils. A la suite d'une scène semblable avec son mari, cette mère barbare résolut d'aller perdre son enfant dans une grande forêt voisine de la ville. Un matin elle dit au petit bossu de se préparer pour aller ramasser avec elle des faînes dans la forêt. Ils partirent. Cette méchante mère conduisit le petit bossu bien loin, bien loin dans la forêt. Arrivés dans un fourré très-épais, elle dit à son fils qu'elle l'attendrait dans cet endroit, que lui devait aller beaucoup plus loin pour ramasser des faînes.

Le malheureux enfant partit sans défiance. Lorsqu'il eut rempli un petit sac de toile que sa mère lui avait fait prendre, il revint tout joyeux près de sa mère, pensant qu'elle serait contente de son activité. Sa joie fut de courte durée, car en arrivant à l'endroit où il l'avait laissée, il fut bien surpris de ne plus la retrouver; il l'appela bien des fois, la chercha de tous les côtés, mais sans recevoir aucune réponse.

Comtesse de Chaleska.

(La suite au prochain numéro).

Une Prière d'Enfant.

Je suis à vos genoux, mon Dieu, bénissez-moi ;
Bénissez mon père et ma mère.
S'ils mourraient... qui donc sur la terre,
Comme eux pourrait m'apprendre à suivre votre loi.
Daignez exaucer ma demande ;
Pour gage de mon vœu,
Je vous offre mon cœur,.. je sais que c'est bien peu,
Hélas, je n'ai pas d'autre offrande.
Mais si je trouve en mon chemin
Quelque pauvre petit, orphelin et sans gîte,
Qui me dise j'ai faim...
Je vous promets, mon Dieu, de lui donner bien vite
La moitié de mon pain...

MORALITÉ

Apprends ce qui est beau et honnête, tu seras content de toi-même.
Profitez de votre jeunesse pour acquérir des vertus et de la science.

Prix de l'Abonnement :

Paris : un an, **10** fr.; six mois, **6** fr.
Départements : un an, **13** fr.; six mois, **7** fr.
Étranger : un an, **15** fr.; six mois, **8** fr.

On reçoit un numéro d'essai contre **50** c. en timbres-poste.

Le bureau de rédaction et d'abonnements : chez M. H. Duru, directeur, rue d'Enfer, 126.

Écrire *franco*; joindre un mandat à l'ordre de M. H. Duru, rue d'Enfer, 126, Paris.

Le Directeur : H. DURU.

PARIS. — IMPRIMERIE ÉMILE VOITELAIN ET COMP., RUE JEAN-JACQUES-ROUSSEAU 15

16 Octobre 1863

LA POUPÉE

RECUEIL DE TOUS LES TRAVAUX DES PETITES DEMOISELLES

IMAGES, MUSIQUE, DESSIN ET LECTURES AMUSANTES

Paraissant le 1er et le 16 de chaque mois

Bureau de Rédaction et d'Abonnements chez M. H. Duru, rue d'Enfer, 126, Paris
Prix de l'Abonnement : Paris, un an 10 fr.; six mois 6 fr.
Départements, un an 13 fr.; six mois 7 fr. —Étranger, un an 15 fr.; six mois 8 fr.
On s'abonne aussi chez M. Saussine, rue du Cloître-St-Jacques, 10, près la rue St-Denis;
à la Mère de Famille, rue Tronchet, 18.

LA POUPÉE JAPONAISE.

—

I

Vos mères vous ont souvent dit, mes enfants, qu'un bienfait n'est jamais perdu, et tôt ou tard trouve sa récompense; laissez-moi joindre mes paroles à celles de vos mères et vous conter une petite histoire qui vous prouvera la vérité de ces paroles pleines d'un doux espoir pour celui qui fait le bien.

Oui, mes enfants, vous devez ici bas chercher à faire toujours le bien. Imitez le petit Pierre et la petite Marie dont je vais vous dire les aventures. Aimez-vous toujours; gardez longtemps au fond de vos cœurs ces doux souvenirs de la jeunesse qui plus tard vous soutiendront dans la vie; protégez-vous les uns les autres, apprenez à être charitables, obéissants, et Dieu qui voit tout vous récompensera. Et n'est-ce pas déjà une grande récompense pour vous que d'avoir fait une bonne action et d'en avoir été remercié par un doux baiser d'une tendre mère. Vous rappelez-vous tous ces charmants sourires de vos bonnes mamans? Soyez donc sages, obéissantes pour les mériter toujours.

C'est ainsi que faisait le petit Pierre quand il avait votre âge; aussi fut-il récompensé par le bon Dieu.

II

Pierre Koledec naquit en Bretagne, près de Lorient, dans une de ces vieilles et tristes cabanes à moitié enfoncées sous terre, couverte de chaume, ou d'une sorte de mortier grossièrement fait, ne laissant paraître souvent au dehors qu'une cheminée ou seulement un trou pour donner passage à la lumière.

L'intérieur de cette cabane était aussi misérable que l'extérieur; on n'y voyait aucun de ces meubles, aucun de ces petits riens que vous aimez tant; à peine même s'y trouvait-il de ces objets de première utilité que toute maison ordinairement possède. Pas de carreaux aux croisées, quelques morceaux de toile seulement pour se garantir du vent glacial dans ces froides et sombres soirées d'hiver, où vous, enfants chéris et gâtés, reposez tranquillement sur les genoux de vos mères près d'un bon feu, ou assis à ses pieds écoutez d'une oreille attentive une histoire de bons génies ou des fées gracieuses.

En Bretagne, on conte aussi des histoires terribles de génies, de revenants, de lutins qui courent dans les landes immenses pleines de genêts et de bruyères. On se montre dans les campagnes les rochers énormes qu'ils habitent. On voit les mares, les étangs où se retirent les *Tavaudières de la nuit* qui, dit-on, tuent et emportent ceux qui sont méchants et n'aiment pas leurs parents. Pierre entendait souvent conter ces histoires, non pas près d'un bon feu comme vous, mes chères petites lectrices, mais dans la campagne, au bord de ces étangs, sous ces rochers énormes où il se mettait parfois à l'abri d'une tempête; mais il n'avait pas peur, car le curé du village, qui aimait et instruisait le petit Pierre, lui avait dit qu'un enfant sage n'avait rien à craindre, que Dieu le protégeait partout, et que ces histoires de lutins et de *Tavaudière* étaient le résultat de l'ignorance des temps anciens; que notre époque de progrès avait fait bonne justice de tous ces mensonges. Comme le petit Pierre avait une foi entière dans les paroles du bon curé et qu'il était très-brave, il ne craignait donc pas les mauvais génies, pas même les grosses bêtes qui venaient rôder le soir jusque près de sa cabane.

Avec lui demeurait sa cousine, la petite Marie, bien gentille et bien douce. Elle avait de jolis cheveux blonds qui lui tombaient sur les épaules, sa petite robe en laine de plusieurs couleurs lui allait jusqu'à mi-jambes, elle n'avait pas de bas et de gros sabots protégeaient tant bien que mal ses pieds contre la dureté des chemins et des cailloux.

Pierre aimait bien sa petite cousine et lui rendait tous ces petits services qu'il faut toujours se rendre les uns les autres.

Toujours ils étaient ensemble; ils ramassaient les feuilles, les branches d'arbres dans la campagne, les bruyères sèches dans les landes pour se réchauffer ; ils aidaient à raccommoder les filets de leurs parents pour la pêche.

Le jour à marée basse ils allaient dans les trous de rochers, dans le sable humide ramasser des coquillages, toutes ces bonnes choses que vous mangez à vos repas, sans songer à toute la peine qu'elles ont donnée pour les recueillir. Le soir le bon curé du village donnait à Pierre des leçons de lecture et d'écriture ; Pierre qui était plus grand que Marie lui répétait les paroles du bon curé et lui apprenait cette prière si belle et si touchante : « Notre père qui êtes aux cieux, que votre nom soit sanctifié, etc. » Belle et sublime prière, mes enfants, qu'il faut toujours répéter en songeant à Dieu, à vos bons parents et à tous ceux qui ont besoin de secours et de pardon.

Pierre et Marie s'aimaient bien, je vous assure, et Pierre avait promis de ne jamais abandonner sa petite cousine, de songer toujours à elle, et d'être son frère et son protecteur.... Mais, hélas ! un jour vint où il fallut se quitter, car Pierre était le fils d'un marin, et les lois de l'État veulent que les fils de marins aillent servir sur les grands bâtiments, comme mousses ou matelots pour protéger leurs compatriotes et enrichir leur patrie par leur travail.

Il fallut donc partir, abandonner son vieux père, sa pauvre mère qui l'aimait tant ! Il fallut aussi abandonner sa petite Marie, si mignonne, si gentille ! — Triste, affligé à cette douloureuse pensée, il alla demander conseil au bon pasteur du village ; il se rendit près de lui tenant la petite Marie par la main :

— Monsieur le curé, dit-il, que va devenir Marie quand je serai parti ? Si je restais avec elle ?

— Mes enfants, dit le bon prêtre, vous êtes jeunes, mais vous saurez plus tard que pour être heureux au ciel il faut souffrir sur la terre. Dieu veut vous éprouver en vous séparant. Rassurez-vous, mon petit Pierre, Marie travaillera avec vos parents, je la soutiendrai, parce que vous êtes bons, sages et religieux. Songez toujours à vos parents, aimez vos semblables comme vous même, et faites tout le bien que vous pourrez dans la mesure de vos forces et de votre position.

Pierre le promit et partit même avec plaisir, en promettant de bien travailler ; de ramasser de l'argent pour secourir ses vieux parents et sa petite Marie.

PAUL MERSAN.

(La suite au prochain numéro.)

HISTOIRE D'UNE CHÈVRE

(Suite)

Le bonhomme tâta avec son bâton, et descendant prudemment au fond du trou, il en retira le petit Robert, qui, sur le point d'être étouffé, allait perdre la vie. On le reporta à la chaumière, où un bon feu de vieilles planches acheva de le ranimer.

Eh bien? lui dit son frère aîné, où serais-tu maintenant si la biquette n'avait bêlé?.où serais-tu, si je ne lui avais sauvé la vie quand elle pleurait près de sa pauvre mère? Tu vois qu'on ne perd jamais rien à secourir un malheureux. — Et sans compter que l'hiver prochain, la biquette nous donnera du bon lait pour tremper notre pain bis.

COMTESSE DE CHALESKA.

Explication du patron d'une chemise pour une poupée de 45 centimètres de hauteur.

Le patron que nous donnons aujourd'hui représente de la lingerie sérieuse; nous recommandons à nos jeunes élèves de s'attacher particulièrement à bien faire les coutures de cette lingerie; elles demandent à être faites avec beaucoup de soin, les points doivent être réguliers et la couture droite et solide. Les points étant bien plus visibles dans le blanc on doit donc s'attacher à les bien faire.

Devant de la chemise.

Placer le patron sur l'étoffe et le fixer avec des épingles, ou le bâtir. — Couper dans le sens de la lisière, ouvrir le devant de la chemise comme l'indique le patron, former six plis creux de chaque côté, arrêter ces plis par un fil.

Le derrière de la chemise se coupe de la même manière que le devant, avec cette seule différence que l'on ne fait pas d'ouverture. On pourra, pour abréger le travail, plier l'étoffe et couper le devant et le derrière en même temps.

Le cou et le devant de la chemise devront être garnis d'un petit entre deux; le bas des plis du devant de la chemise devront être arrêtés par un entre deux.

Le haut de la chemise devra être froncé de manière à ne laisser que trente centimètres de tour au cou.

Manches.

Rapporter le haut des manches à l'emmanchure de la chemise et coudre solidement.

Réunir les deux extrémités de la manche pour le dessous du bras.

Garnir le bas de la manche avec un entre deux, froncer le bas de manière à ne laisser que dix centimètres de largeur.

La marque.

Un grand nombre de nos abonnés nous ont écrit pour nous prier de donner le marquoir colorié; nous nous empressons de nous conformer à ce désir et nous le donnons dans notre numéro d'aujourd'hui.

Notre imprimeur nous a fait dire dans notre dernier numéro, à l'article *poches* du saute-en-barque, page 30 : fermer le saute-en-barque avec quatre boutons en *cuir*, lisez en *acier*.

LE PETIT BOSSU.

(Suite)

Las de chercher, le malheureux petit bossu se désolait. Enfin, voyant qu'il ne pouvait pas retrouver sa mère, il chercha son chemin; mais il ne fut pas plus heureux, et après avoir beaucoup marché, il s'aperçut avec effroi que la nuit était venue, et qu'il était perdu au milieu de la forêt. Le petit bossu, fou de désespoir, se laissa tomber au pied d'un arbre; là il réfléchit à sa triste position; il comprit, qu'ainsi abandonné, il devait avoir recours au ciel.

Il se mit à genoux et adressa à Dieu une fervente prière : puis s'abandonnant à sa protection il se coucha la tête appuyée sur son sac. Le lendemain il se réveilla aux chants des oiseaux; il leur dit : « chantez, mes bons amis, chantez, vous êtes joyeux de voir le jour parce que vous savez où trouver votre nourriture ; mais, pour moi, pauvre, abandonné, je n'ai rien à manger. » Le petit bossu, après ces paroles, leva les yeux au ciel pour implorer la protection de Dieu. Fortifié par la prière il se mit courageusement en route. Il s'aperçut bientôt que plus il marchait et plus il s'enfonçait dans la forêt.

Enfin, fatigué par ces courses inutiles et affaibli par la faim, il se laissa tomber au pied d'un arbre, ouvrit son petit sac et mangea quelques faînes. Cette nourriture insuffisante était loin d'apaiser sa faim ; aussi crut-il un moment qu'il allait mourir au milieu de cette sombre forêt, et que Dieu l'avait abandonné.

Cependant comme il était très-religieux, il ne voulut pas mourir sans prier Dieu ; il se mit à genoux, et en portant les yeux sur un petit buisson qui était devant lui, il fut agréablement surpris de voir plusieurs nids dans lesquels étaient des œufs. Le malheureux remercia Dieu de cette heureuse trouvaille et mangea ces œufs que la Providence lui envoyait. Un peu réconforté par ce simple repas, il se remit bravement en route. Mais il ne fut pas plus heureux que le matin, et le soir venu il se trouva dans un endroit qu'il ne connaissait pas. Pour le coup son chagrin fut au comble et il s'abandonna au plus violent désespoir. Cependant il ne voulut pas se coucher sans prier Dieu une dernière fois. Sa prière faite, il s'étendit sur l'herbe, et attendit la mort qui, selon lui, ne devait pas tarder à le prendre.

Il était à peine couché depuis quelques minutes, lorsqu'il entendit les sons d'une musique qui semblaient sortir d'une clairière voisine ; il se leva pour mieux écouter et fut convaincu que c'était bien de la musique qu'il entendait.

A l'instant où il allait se diriger vers la clairière, une voix partit de l'arbre, lui dit : « Reste, mon petit bossu, je te prends sous ma protection. » Le petit bossu leva la tête, mais ne vit personne. La même voix lui dit : « Tu as bien faim, je vais te donner à souper. » Le petit bossu au comble de la surprise, crut un moment qu'il rêvait ; mais la voix s'étant fait entendre de nouveau, il n'eut plus aucun doute et vit bien qu'il était parfaitement éveillé. Il aurait bien voulu voir cette personne si bonne, qui lui promettait à souper, mais ses yeux ne distinguaient rien dans l'obscurité. La même voix ajouta : « Ne cherche pas à me voir, regarde devant toi. » Au même instant la forêt s'éclaira, et il vit venir une jolie petite voiture traînée par deux belles chèvres blanches ; sur la voiture se trouvait une petite table couverte de mets les plus délicats. Notre pauvre petit bossu fut émerveillé de la lumière qui éclairait la forêt et encore plus de cet excellent souper qui se présentait à lui si à propos. La table, comme si elle avait été animée, vint se placer devant l'enfant, et lui-même se trouva assis sur un fauteuil bien moëlleux. Le pauvre affamé ne se sentit pas d'aise, il remercia Dieu du fonds du cœur, et se mit bravement à attaquer les différents mets qui composaient son souper.

Une main invisible fit disparaître les restes du souper; une petite tasse de café fut placée devant lui; il la but, et se disposait à se coucher au pied de son arbre, lorsque la voix qu'il avait déjà entendue lui dit de monter à cheval et de se laisser conduire par son coursier. Notre petit bossu leva les yeux et fut bien surpris d'apercevoir un petit cheval qui paraissait l'attendre. Bien qu'il ne sut pas monter à cheval, il n'hésita pas un instant à faire ce que la voix lui avait ordonné. A peine fut-il en selle que le petit cheval partit comme un trait et le conduisit droit à la clairière d'où venaient les sons de la musique.

Là un spectacle étrange et beau s'offrit à sa vue. Plus de cent personnes, hommes et femmes, dansaient aux sons d'une musique harmonieuse; mais, chose étrange, toutes ces personnes étaient bossues. Il se sentit à l'aise au milieu de ses pareils, et sans tarder un instant il mit pied à terre. Il avait à peine fait un pas qu'une dame de la société, qui ne dansait pas, se leva, vint au devant de lui et lui présenta la main. Le petit bossu, enhardi par un si charmant accueil, prit la main de la dame et la baisa avec respect en lui exprimant toute sa reconnaissance d'une réception aussi bienveillante. Nous vous attendions, lui dit la dame, soyez le bien venu parmi nous et venez partager nos plaisirs. Le petit bossu, honteux de se trouver au milieu d'une si belle société, couvert de pauvres vêtements, dit à la dame qu'il n'osait se présenter dans un si misérable état. La dame lui répondit qu'il y avait des vêtements à sa disposition. Elle appela un jeune nègre, bossu comme les autres personnes de la société. Le nègre conduisit le petit bossu dans un magnifique cabinet de verdure dans lequel se trouvaient des vêtements; parmi ces vêtements il en choisit un des plus simples. Lorsqu'il eut terminé sa toilette il se dirigea vers le bal, où la dame qui l'avait si bien accueilli vint le prendre par la main et le présenta à toutes les personnes de la société. Il fut reçu avec beaucoup d'amitié; son esprit naturel fit qu'il se conduisit avec beaucoup de convenance, aussi fut-il recherché et admiré par tout le monde pendant toute la nuit.

La première lueur du jour venait de paraître lorsque le petit bossu, à sa grande surprise, vit que tout le monde avait disparu et qu'il se trouvait seul au milieu de la clairière.

Comme il cherchait à se rendre compte d'un événement aussi extraordinaire, il entendit la voix, qui lui avait déjà parlé plusieurs fois, lui dire : *Monte à cheval.* Le petit bossu, déjà familiarisé avec les événements étranges dont il avait été témoin, ne fut pas surpris de voir le même cheval qui l'avait amené; il monta dessus et se laissa conduire par lui.

Lorsque le cheval sentit le petit bossu sur son dos, il partit avec la rapidité de la foudre. Cette course furibonde dura à peu près cinq minutes. Le cheval s'arrêta au milieu d'une vaste solitude, entourée de rochers d'une hauteur prodigieuse, toucha de la tête le bas d'un de ces rochers; le rocher s'entrouvrit et laissa voir une large route en pente douce, que le cheval descendit lentement, comme pour donner le temps à son cavalier d'admirer les merveilles qui se présentaient à sa vue.

D'abord c'était une avenue d'arbres, inconnus à la terre, qui portaient des fruits merveilleux; des fleurs de toutes espèces couvraient des champs immenses; çà et là se trouvaient des habitations construites en marbre et en or, des ruisseaux d'une eau limpide portaient partout dans ces lieux enchantés la fraîcheur et la fécondité.

L'avenue conduisait à un château si merveilleux, que notre pauvre bossu en fut ébloui : ce n'était qu'or, argent et marbre, si admirablement mélangés qu'on ne pouvait rien voir de plus beau.

Le cheval s'arrêta vis-à-vis un perron en or massif, placé au centre du château. Là, il disparut sans que le petit bossu pût savoir comment il était parti; il se trouva sur les pieds vis-à-vis une large porte qui s'ouvrit devant lui. Il avait vu tant de choses merveilleuses depuis vingt-quatre heures, que cette nouvelle aventure ne l'effraya pas, et il entra résolûment dans le château. Au fur et à mesure qu'il avançait, toutes les portes s'ouvraient devant lui.

Après avoir traversé un grand nombre d'appartements magnifiques, il arriva dans une vaste salle dont les portes s'ouvraient sur un jardin immense; vis-à-vis ces portes était un gazon d'une étendue considérable; au milieu de ce gazon se trouvait un vaste pavillon de verdure, couvert de fleurs et de fruits les plus beaux.

Le petit bossu se dirigea vers ce magnifique pavillon; il avait à peine fait quelques pas que la dame qui l'avait si bien accueilli dans la clairière se présenta à lui; vous êtes attendu par la reine des fées boussues, lui dit-elle; c'est elle qui vous a sauvé dans la forêt et qui veut encore vous être utile et vous admettre en sa présence.

COMTESSE DE CHALESKA.

(La suite au prochain numéro).

Le Directeur : **H. DURU.**

PARIS. — IMPRIMERIE ÉMILE VOITELAIN ET COMP., RUE JEAN-JACQUES-ROUSSEAU 15

N° 6   1ᵉʳ Novembre 1863

 LA POUPÉE

RECUEIL DE TOUS LES TRAVAUX DES PETITES DEMOISELLES

IMAGES, MUSIQUE, DESSIN ET LECTURES AMUSANTES

Paraissant le 1ᵉʳ et le 16 de chaque mois

Bureau de Rédaction et d'Abonnements chez M. H. Duru, rue d'Enfer, 126, Paris
Prix de l'Abonnement : Paris, un an 10 fr.; six mois 6 fr.
Départements, un an 13 fr.; six mois 7 fr.—Étranger, un an 15 fr.; six mois 8 fr.
On s'abonne aussi chez M. Saussine, rue du Cloître-St-Jacques, 10, près la rue St-Denis;
à la Mère de Famille, rue Tronchet, 18.

LE PETIT BOSSU.

(Suite)

Arrivé près de la reine, qui était assise sur son trône, le petit bossu se prosterna à ses pieds et lui exprima avec feu sa reconnaissance pour tout ce qu'elle avait bien voulu faire pour lui. La reine le fit relever, lui donna une petite tape sur la joue et l'invita à déjeûner.

Jamais notre pauvre bossu ne s'était trouvé à pareil repas; ses yeux étaient éblouis par la magnificence du service; rien dans notre cuisine ne pourrait égaler la délicatesse et la bonté des mets qui furent servis. La reine se montra très-affable pour lui, et les autres fées, à son exemple, lui témoignèrent beaucoup d'amitié.

La reine, voulant éprouver le cœur du petit bossu, lui demanda s'il ne serait pas content de se venger de ses parents. Il répondit sans hésiter qu'il n'avait aucune haine contre eux et qu'il leur pardonnait de grand cœur. La reine fut si satisfaite de cette réponse, qu'elle lui dit qu'elle allait lui donner un talisman qui le rendrait riche et heureux. Elle se fit apporter un petit étui, l'ouvrit, en retira une aiguille d'or qu'elle donna au petit bossu. Cette aiguille, lui dit-elle, placée dans la main gauche te rendra invisible, placée dans la main droite te transportera partout où tu voudras, et piquée sur ta manche tu pourras prendre la forme que tu voudras.

Le moment de nous quitter est arrivé, ajouta la reine, dis-moi où tu veux aller? A Harlem, répondit le petit bossu. La reine lui plaça l'aiguille dans la main droite; une seconde s'était à peine écoulée que notre bossu se trouva dans la ville de Harlem.

Étourdi d'abord par la rapidité de son voyage, notre petit bossu se remit peu à peu, réfléchit un moment sur la valeur du merveilleux cadeau de la reine des fées, et pensa qu'avec ce talisman il pourrait, sans se venger de ses parents, leur jouer quelques bons tours qui leur feraient voir qu'il n'était pas mort.

Il mit son aiguille dans sa main droite et se trouva dans la boutique de son père. A sa vue, son père, sa mère et ses frères voulurent le battre et le mettre à la porte; notre petit bossu s'effraya peu de leurs menaces. Il leur dit : Ah! ah! vous voulez encore me chasser, attendez, je vais vous passer tous au fil de mon aiguille. En même temps il leur montra son aiguille d'or et les piqua un peu l'un après l'autre. Alors tous devinrent si furieux qu'ils se jetèrent sur lui; mais le petit bossu plus leste qu'eux posa son aiguille sur sa manche, prit la forme d'un géant et se plaça devant la porte; alors brandissant un grand sabre, il leur dit d'une voix de Stentor : Que faites-vous au petit bossu? si vous avez le malheur d'y toucher, je vous couperai par morceaux. Ils furent tellement effrayés qu'ils se jetèrent aux genoux du géant, en promettant bien de ne plus tourmenter le petit bossu.

Le géant avait à peine disparu que les quatre frères du petit bossu dirent à leur père que si jamais ils retrouvaient leur frère qu'ils le tueraient. Le petit bossu, qui se tenait invisible dans un coin, les ayant entendus, leur dit : Eh! eh! je vous piquerai avant de me tuer, mes bons frères; en même temps il enfonça un peu son aiguille dans le bras de son frère aîné, et puis il en fit autant aux trois autres. Les malheureux criaient, sautaient pour fuir cet ennemi invisible; mais plus ils criaient, plus notre bossu les piquait.

Enfin, ahuris par ces piqûres incessantes, et espérant les éviter en quittant la boutique, ils se sauvèrent dans la rue. Là ils trouvèrent encore le petit bossu qui leur dit : Eh! mes bons frères! où allez-vous donc? — Ah! voilà ce petit monstre, étranglons-le, dirent ses frères. — Mais vous sentirez encore mon aiguille, répartit le petit bossu. En même temps il recommença à les piquer. Les malheureux couraient à perdre haleine, mais l'aiguille courait aussi et les piquait toujours.

Notre petit bossu, satisfait de sa petite vengeance, se montra à ses frères à une certaine distance; il leur dit : à une autre fois, mes bons frères; allez vous reposer; vous me reverrez bientôt.

Comtesse de Chaleska.

(La suite au prochain numéro).

Explication du patron d'une camisole pour une poupée de 45 centimètres de hauteur.

(Voir la gravure du journal, n° 5.)

Dos de la camisole.

Avant de couper, placer le patron sur l'étoffe dans le sens de la lisière, le fixer avec des épingles, ou le bâtir, ce qui est préférable.

Côté droit et haut du corsage.

Placer les patrons sur l'étoffe comme il a été dit pour le dos. Les côtés de la camisole se composent de deux morceaux. Nous donnons le côté droit. Nous rappelons à nos jeunes élèves qu'on obtient le côté gauche en retournant le patron sur l'étoffe.

La partie inférieure du devant de la camisole est facile à couper; mais la partie supérieure exige beaucoup d'attention. Les parties échancrées sont nécessaires pour rendre le tour du cou moins épais et plus facile à froncer. On formera six plis creux sur le devant du haut du corsage. On arrêtera ces plis par un fil et on placera dessus un entre-deux garni d'une dentelle. On pourra, pour rendre la camisole plus élégante, mettre seulement cinq plis et remplacer le sixième par un entre-deux. Le cou sera froncé de manière à ne laisser que seize centimètres de tour. On le garnira d'un entre-deux et d'une dentelle. Le devant de la camisole, côté droit, devra être garni dans toute sa hauteur par un entre-deux garni lui-même d'une double dentelle. L'ourlet sera d'un centimètre et demi de haut, un bouton attachera le cou et un autre l'entre-deux formant la ceinture.

Manches.

Ajuster les manches aux emmanchures de la camisole, s'assurer avant de les coudre si elles vont bien et les bâtir.

Le bas de manche se termine par un entre-deux garni de dentelle et formant poignet.

CONSEILS A NOS JEUNES LECTRICES.

Nous croyons utile avant de passer à la tapisserie sérieuse, de donner à nos jeunes élèves quelques notions sur la manière de festonner. Elles ne doivent pas cependant abandonner la marque; nous les engageons à marquer sur de la toile; ce travail est plus difficile parce que les fils sont plus serrés et se comptent plus difficilement. En s'aidant du marquoir elles vaincront facilement cette petite difficulté et arriveront à marquer sur le linge avec autant de facilité que sur le canevas. Nous leur recommandons aussi de faire plusieurs fois leur marquoir. C'est le meilleur moyen de se familiariser avec la marque. Ce que nous leur recommandons particulièrement, c'est de ne pas laisser le travail d'un numéro en arrière; elles doivent faire plusieurs fois la broderie et tailler plusieurs robes à leur poupée sur les patrons que nous donnons.

Du feston.

Le feston est généralement à dents, de formes différentes, il sert de bordure à la broderie, et garanti les bords de l'étoffe en l'empêchant de s'effiler lorsqu'on la découpe.

Manière de festonner. — Vous prenez le dessin que vous voulez festonner, vous le doublez d'un autre papier qui le dépasse un peu des deux bouts ; vous montez sur ces deux papiers la bande d'étoffe à festonner, ayant soin de laisser dépasser votre étoffe d'un doigt. Pour monter votre étoffe sur le dessin, vous le bâtissez avec des points solides pour l'empêcher de glisser sur le dessin.

Ces dispositions prises, vous passez sur chaque dent un coton un peu gros qui suffit pour former les premières dents, qui sont des dents simples (Voir la première ligne du tableau du feston que nous donnons aujourd'hui).

Pour festonner, vous prenez du coton un peu plus fin que celui du tracé. vous piquez l'aiguille sous le tracé en prenant l'étoffe, vous tenez le coton, qui forme la boucle, sous le pouce gauche et vous tirez l'aiguille, en ayant soin de ne pas trop serrer votre point; vous repiquez l'aiguille tout près du premier point, vous placez votre pouce gauche sur le coton et vous tirez l'aiguille. Vous continuez de la même manière en évitant de trop serrer le point, afin de ne pas érailler l'étoffe.

Lorsque la dent du feston est large, il faut mettre plusieurs cotons pour former le tracé. C'est ce qu'on appelle bourrer le feston.

Pour découper le feston, vous démontez la bande, vous la roulez et vous découpez les bandes avec des petits ciseaux.

LA POUPÉE JAPONAISE.

—

(Suite)

III

Ce fut par une belle matinée d'avril que Pierre fit ses adieux à tous ceux qu'il aimait. Après une dernière visite à son digne protecteur le curé, il revint embrasser ses parents. Son vieux père ranima son courage par ses sages et énergiques paroles. Sa mère et sa petite cousine le couvrirent de baisers : ce fut là le moment le plus poignant des adieux... Enfin il s'arracha de leurs bras et prit résolûment le chemin de Lorient où il devait s'embarquer sur la frégate *la Fortune*, nom prédestiné, présage de la réussite et du bonheur.

La mère de notre futur mousse n'eut pas la force de le suivre des yeux sur la route des falaises, elle tomba épuisée sur son escabeau. Mais la petite Marie lui fit longtemps signe de la main, puis elle agita son mouchoir; enfin, lorsqu'elle eut perdu de vue son ami, elle rentra dans la chaumière, où l'on n'entendit plus que des sanglots.

Cependant le soleil était radieux, l'air frais du matin donna des forces à Pierre qui marcha d'un pas ferme et put arriver à sa destination le jour même.

. . . .

Deux années s'écoulèrent. Pierre était toujours mousse, mais il avait beaucoup appris et s'était fait aimer de ses chefs. D'un caractère doux, courageux et docile, jamais il ne s'était fait punir. La profession de marin lui plaisait et déjà le désir de parvenir le préoccupait. Il suivait avec assiduité les leçons de l'école des mousses, et ces leçons lui étaient devenues si profitables qu'il pouvait écrire de jolies lettres à ses parents et à sa petite Marie, par l'entremise du bon curé, qui de son côté lui prodiguait dans ses réponses les conseils et les encouragements.

La frégate sur laquelle Pierre était embarqué, après avoir stationné dans les mers de l'Inde, eut pour destination une grande île qu'on appelle le Japon.

Nous n'entreprendrons pas, mes chères petites lectrices, de vous donner ici une description détaillée de ce pays curieux. Nous nous contenterons de vous dire qu'on y voit des choses étranges, sous le rapport des habitudes et des costumes. Pierre ne se lassait pas d'admirer ces beaux arbres, ces palmiers, ces bananiers aux larges feuilles, ces thuyas aux feuilles vertes d'un côté, argentées de l'autre, ces oiseaux au riche plumage qui voltigeaient avec grâce au milieu des fleurs au parfum délicieux où ils butinaient comme les papillons et les abeilles, et recueillaient pour leur nourriture une liqueur sucrée. Pierre, habitué aux landes et aux bruyères de la Bretagne, s'extasiait de voir les montagnes cultivées jusqu'à leur sommet. Partout des champs de riz, de seigle et de froment.

Yédo, ville où la frégate avait relâché, est la résidence d'un des souverains du pays. Il ne se montre que très-rarement aux regards de ses sujets. Il est toujours entouré de grands dignitaires portant à leurs ceintures des sabres enrichis de pierreries.

Dans les rues les grands personnages se promenaient à cheval, où sous des sortes de dais nommés palanquins et portés par des hommes. On n'y voit point de voitures comme dans nos rues, et sur le passage de ces puissants seigneurs, les habitants s'inclinent, s'agenouillent en signe de respect et de soumission.

Les costumes aussi sont différents des nôtres, soit par les étoffes, les couleurs, soit par la manière dont ils sont taillés et portés. Regardez la gravure du journal n° 4, et vous verrez la différence qui existe entre la petite Japonaise dont je vais vous parler et la petite Marie.

Pierre visitait aussi toutes les curiosités, entrant partout où on voulait le recevoir; car les habitants du pays n'aiment pas, en général, les étrangers; ils ne sont pas hospitaliers comme nous le sommes, et comme il faut toujours être; car Dieu le recommande et il faut obéir à Dieu. Mais Pierre était doux, affable, et si disposé à rendre service que tout le monde l'accueillait avec bonté. Pour les petits services qu'il pouvait rendre, il n'acceptait jamais rien, car le bon curé de son village lui avait souvent répété qu'il ne fallait jamais faire le bien par intérêt.

— Je vous remercie, disait-il à ceux qui lui offraient quelque chose, je n'ai pas besoin de récompense, je suis assez satisfait par le service que je vous ai rendu.

Un matin, c'était jour de grande fête pour le pays; il se promenait sur les quais, suivant avec curiosité les processions, les jeux et les comédies qui recevaient la foule. Tout en regardant les saltimbanques, les montreurs de singes, les vendeurs d'amulettes, de gâteaux, de sucrerie, il songeait à son pays de Bretagne où vivaient tristement et dans la misère ses bons vieux parents et sa gentille cousine. Il échangeait ses regrets avec ses petits camarades. — Que fait-on chez nous maintenant? se disaient-ils. — Sont-ils heureux, nos parents? — Ont-ils bien tout ce qui leur est nécessaire?

— Ah! si ma petite Marie était avec moi! reprenait Pierre en poussant un profond soupir; je serais bien heureux, je la promènerais dans toute cette foule, je lui ferais voir toutes ces belles curiosités, et je lui achèterais tout ce qui lui ferait plaisir.

Tout en causant ainsi, il s'avançait le long du quai. Devant lui se promenait, avec une vieille femme qui lui servait de bonne, une jolie petite fille de huit à neuf ans, un peu plus jeune que Marie, mais aussi mignonne qu'elle.

Cette enfant avait de jolis cheveux noirs relevés sur le front et retenus par des épingles en or; à son cou était un beau collier à plusieurs rangs de perles, grosses chacune comme une noisette; elles étaient blanches et brillantes; frappées par les rayons du soleil elles dessinaient comme un collier de feu autour de son cou.

Elles devaient coûter bien cher, et je dois avouer que Pierre les regardait avec un peu d'envie; car il aurait voulu les voir au cou de sa chère Marie. La robe de la jeune fille était couverte de dessins bizarres; tissée de fils d'or et de lames d'argent, elle descendait à mi-jambes et couvrait des pantalons rouges très-amples, retenus à la cheville par des liens de soie passés dans une boucle d'or. Ses petits pieds étaient serrés dans des souliers mignons de satin rose; ils avaient une double semelle blanche et se terminaient en pointe recourbée.

Pierre ne pouvait se lasser de les admirer, et il songeait avec peine à Marie qui le plus souvent marchait pieds nus ou dans de gros sabots qui la meurtrissaient et la faisaient boîter. Il regardait aussi avec surprise, presque avec extase, une belle poupée que la petite fille portait attachée à son cou par un ruban bleu, bordé de filets argentés. Cette poupée était presque aussi grande qu'elle et habillée comme une princesse. L'or et l'argent brillaient sur ses vêtements et un magnifique collier entourait son cou.

Vous avez de jolies poupées, mes chères lectrices, vous en avez sans doute de charmantes; mais je gage que la *Poupée japonaise* aurait fait pâlir mademoiselle Lily.....

Mademoiselle Lily est une grande dame, j'en conviens, elle est bien mise, elle salue gracieusement, je lui rends encore cette justice. — Mais... mais... elle ne marche point si bien que *ma Poupée japonaise;* elle n'ouvre pas et ne ferme pas les yeux avec tant de nonchalance, tant de grâce, tant de mignardise. — Mademoiselle Lily a des appartements somptueux, une chambre à coucher en satin rose. Elle fait l'orgueilleuse — et c'est bien vilain, — parce qu'elle a des parures en diamants, — mais si elle avait vu les perles fines, les brillants, les épingles d'or de ma *Poupée japonaise;* si elle avait vu ses appartements, ses tentures de damas, ses glaces plus belles que celles de Venise, son petit palanquin traîné par deux moutons blancs, tout couverts de rubans et conduit par un petit singe habillé en cocher, elle aurait pâli de honte et n'aurait plus voulu paraître en société.

De plus, ma *Poupée japonaise* marche toute seule en tenant à sa main son éventail et son miroir d'une forme particulière, comme en ont toutes les grandes dames japonaises. Je gage que mademoiselle Lily n'est pas si avancée, si instruite. Et comme le jour où Pierre la vit était un jour de fête, comme elle avait été bien sage, sa maîtresse l'avait emmenée à la promenade, et pour qu'il ne lui arriva pas d'accidents, elle l'avait suspendue à son cou comme je vous l'ai dit par un ruban bleu.

Pierre, comme vous devez le penser, était en admiration et songeait à la joie de Marie si elle avait en sa possession une aussi belle poupée, mieux mise que la femme de monsieur le maire de son village. Il cherchait dans sa tête le moyen de procurer à sa chère petite cousine une poupée semblable à celle de la jeune Japonaise, lorsque tout à coup un cri perçant, aigu, se fit entendre, et Pierre vit au milieu des flots la petite fille et sa poupée. L'enfant avait désobéi à sa bonne et s'était approchée trop près du quai. Le bon Dieu l'avait punie, car le pied lui avait manqué et elle était tombée dans l'eau profonde de la mer qui venait avec bruit frapper les pierres du quai.

La pauvre vieille bonne était tombée à genoux, en pleurant et en implorant des secours pour sa petite maîtresse qui se débattait au milieu des eaux et allait bientôt disparaître, — et pour toujours.

Une grande foule s'était amassée sur le quai, mais personne n'osait se jeter à l'eau pour la secourir, car la mer était trop profonde et on craignait de succomber. Pierre, très-ému, regardait et ne disait rien. — Tout à coup, il ôte sa veste, fait un signe de croix et se précipite au milieu des flots.

Paul Mersan.

(La suite au prochain numéro.)

Le Directeur : **H. DURU.**

PARIS. — IMPRIMERIE ÉMILE VOITELAIN ET COMP., RUE JEAN-JACQUES-ROUSSEAU 15

N° 7
16 Novembre 1863

LA POUPÉE

RECUEIL DE TOUS LES TRAVAUX DES PETITES DEMOISELLES

IMAGES, MUSIQUE, DESSIN ET LECTURES AMUSANTES

Paraissant le 1er et le 16 de chaque mois

Bureau de Rédaction et d'Abonnements chez M. H. Deru, rue d'Enfer, 126, Paris
Prix de l'Abonnement : Paris, un an 10 fr.; six mois 6 fr.
DÉPARTEMENTS, un an 13 fr.; six mois 7 fr. — ÉTRANGER, un an 15 fr.; six mois 8 fr.
On s'abonne aussi chez M. Saussine, rue du Cloître-St-Jacques, 10, près la rue St-Denis
à la Mère de Famille, rue Tronchet, 18.

CORRESPONDANCE

LE JEU DES POUPÉES HISTORIQUES

Monsieur le Directeur,

Je vous adresse une lettre que j'ai reçue d'une de mes amies, et vous autorise à la publier dans votre journal; comme elle m'a beaucoup intéressée, je crois qu'elle pourra plaire à vos lectrices, les amuser et les instruire. Pour moi, je la conserve et j'attends la santé avec impatience pour jouer au Jeu des Poupées historiques.

Veuillez agréer, Monsieur, mes salutations.

ANNA DE BALMONT,
votre abonnée.

Ma chère Anna,

Je t'écris sous l'impression de la joie que m'a donnée la soirée d'hier. Pourquoi n'étais-tu pas là avec nous? pourquoi ta méchante fièvre t'a-t-elle empêché de partager nos plaisirs? Ma joie eût été complète si tu avais été près de moi. J'éprouve du plaisir en t'écrivant, parce que j'espère que ma lettre te donnera un peu de distraction et que tu verras que si je puis m'amuser sans toi, je ne puis pas t'oublier.

Tu sais que tous les ans ma bonne mère donne une soirée à mes amies à l'occasion de l'anniversaire de ma naissance; cette année, elle n'a pas voulu manquer de m'accorder cette marque d'amour maternel. Huit jours avant mon anniversaire, des lettres d'invitation partaient dans toutes les directions; elles étaient ainsi conçues :

« Mademoiselle, vous êtes invitée à passer la soirée du 15 octobre chez Mme la baronne de Walmore; elle vous prie d'apporter votre poupée habillée en costume historique. »

Tu comprends, ma chère Anna, que cette invitation intrigua beaucoup nos amies. Toi-même, tu me fis demander des explications, que je ne pus te donner puisque j'ignorais les projets de ma mère. Il fallut donc attendre le 15 pour avoir le mot de l'énigme.

Tu sais, ma chère Anna, avec quelle tendre sollicitude ma bonne mère s'occupe de mon éducation; cette tendresse maternelle la rend ingénieuse et lui fait trouver des moyens agréables pour me rendre l'étude facile; elle cherche à couvrir de fleurs ses leçons; elle en ôte, par la manière de les présenter, toutes les difficultés et leur sécheresse. Aussi, mes heures les plus heureuses sont celles que je passe auprès d'elle à étudier.

Cette soirée était encore une de ces mille combinaisons qu'elle sait si bien trouver; elle voulait me faire connaître l'histoire des femmes célèbres, et voici de quelle manière elle s'y est prise.

Après le dîner, on fit apporter toutes les poupées avec lesquelles mes amies étaient arrivées; chacune prit la sienne et ma mère passa au salon avec moi. Elle en fit ouvrir les portes et la soirée commença. Un valet de chambre annonçait nos jeunes amies en les désignant par leur nom et en ajoutant le nom de la femme célèbre que portait chacune d'elles. Voici dans quel ordre elles entrèrent :

Marie de B..., portant Marie de Rabutin, marquise de Sévigné;
Geneviève de C..., portant sainte Geneviève;
Clotilde de T..., portant Clotilde de France;
Clémence de V..., portant Clémence Isaure;
Louise de P..., portant Éponine;
Jeanne de S..., portant Jeanne Hachette;
Blanche de R..., portant Blanche de Castille;
Fany de L..., portant Mme de Campan;
Emma de N..., portant Mme Deshoulières;
Hélène de A..., portant Jeanne-d'Arc;
Albertine de N..., portant Mme de Lafayette;
Thérèse de Z..., portant Mlle de Sombreuil.

Rien de plus beau que ce charmant cortége. Nos jeunes amies, en ravissantes toilettes, présentant leurs magnifiques poupées, dont les costumes rappelaient différentes époques de notre histoire, offraient un coup d'œil magique. Toutes avaient voulu se surpasser, et tous les costumes rappelaient fidèlement d'autres modes et d'autres temps.

Lorsque nous fûmes réunies, ma mère nous remit une notice manuscrite sur chaque femme célèbre que nos poupées représentaient.

Voici l'explication qu'elle nous donna pour le Jeu des Poupées historiques :

Le nombre des joueuses est indéterminé, nous dit-elle ; elles doivent se former en cercle et désigner une joueuse pour commencer la partie.

La joueuse désignée présente la poupée à sa voisine de droite et lui dit : Je vous présente Marie de Rabutin, marquise de Sévigné, par exemple ; la personne, en la prenant, doit citer un trait ayant rapport à l'histoire de Mme de Sévigné : née en Bretagne le 5 février 1627. La seconde joueuse passe la poupée à la troisième qui doit également, comme la seconde, faire connaître un fait ayant rapport à l'histoire de la personne qui est en jeu.

Toutes les joueuses ayant répondu, celle placée à la droite de celle qui a commencé la partie, présente sa poupée à son tour et agit de même que pour la première poupée.

La joueuse qui ne pourra pas répondre donnera un gage, et son tour passera. Les gages seront tirés après la partie, et rendus de la même manière que dans vos jeux ordinaires.

La joueuse qui fera une réponse déjà donnée remettra un gage.

Après ces explications, ma mère nous engagea à lire nos notices et à les apprendre de manière à pouvoir jouer et répondre couramment. Au bout d'un quart d'heure, nous commençâmes la partie ; ma bonne mère voulut bien elle-même diriger le jeu et nous permettre, pour cette fois seulement, de répondre en lisant nos notices. Mais à la seconde partie il fallut se servir de sa mémoire, et je t'avoue qu'elle fit défaut à plusieurs de nos amies ; alors les gages et les rires furent de la partie, et ce ne fut pas le moment le moins agréable de ce jeu qui est comme tu vois très-instructif et a son côté amusant.

Le jeu serait incomplet pour toi, ma chère Anna, si je ne te donnais pas les notices qui nous furent remises par ma mère. — Les voici :

Marie Rabutin, marquise de Sévigné, mère incomparable, qui adora sa fille, naquit le 5 février 1625 au château de Bourbilly, en Bretagne. Elle avait cinq ans lorsqu'elle perdit son père, et privée de sa mère dans un âge fort tendre, elle fut placée sous la tutelle de l'abbé de Coulanges, son oncle maternel.

Elle épousa, le 16 août 1644, Henri de Sévigné, maréchal de camp, qui fut tué en duel en 1651. Mme de Sévigné se retira aux Rochers où elle s'occupa de l'éducation de sa fille.

Elle tomba malade en avril 1696; deux jours après elle n'était plus; elle avait près de 70 ans.

Sainte Geneviève, patronne de Paris, naquit à Nanterre, vers l'an 423. Son père Sévère et sa mère Geroncé habitaient ce village. Elle fut élevée dans la piété, ses parents souhaitaient qu'elle se consacrât à Dieu.

Saint Germain d'Auxerre et saint Loup de Troyes la distinguèrent dans la foule des assistants et l'interrogèrent, et sur son désir ils lui imposèrent les mains. Geneviève n'avait alors que sept ans.

Dès lors sainte Geneviève mena une vie exemplaire et mortifiée. A l'âge de quinze ans elle reçut le voile des mains de Vélicus, évêque de Chartres.

Les barbares sous la conduite d'Attila menaçaient Paris. Les habitants voulaient fuir; Geneviève les rassura, et malgré l'imminence du danger leur annonça qu'il ne leur arriverait rien de fâcheux, et la prédiction s'accomplit.

Elle rendit de grands services aux Parisiens qui étaient assiégés, en leur procurant des vivres en abondance. Elle contribua à la conversion de Clovis et le détermina à construire l'église qui porte son nom.

Elle mourut le 3 janvier, en 512.

Sainte Clotilde de France était fille de Chilpéric, roi des Bourguignons. Elle épousa Clovis, roi de France, en 493.

Par ses vertus, son esprit et sa rare beauté, cette reine acquit un grand ascendant sur Clovis qui lui promit de se faire chrétien et de faire baptiser ses enfants.

Clotilde se fixa à Tours, auprès du tombeau de saint Martin. Elle mourut en 543, son corps fut apporté à Paris dans l'église de Sainte-Geneviève et enseveli auprès de Clovis.

Clémence Isaure, illustre dame Toulousaine, qui ranima dans sa patrie le goût des lettres à la fin du quinzième siècle. Elle institua les *jeux floraux* à Toulouse; on conserve encore ces jeux et cette fête se célèbre chaque année, le 3 mai; une messe, des aumônes ouvrent cette fête.

Clémence Isaure institua des prix et distribua aux meilleurs poètes des fleurs d'or : une amarante, une églantine, une violette, un souci et un lys d'argent.

Clémence mourut vers l'an 1523 à l'âge de cinquante ans. Chaque année au 3 mai toute l'Académie va en grande pompe jeter des fleurs sur sa tombe.

Éponine était la femme de Julius Sabinus, général romain. Sabinus, après avoir subi une défaite sanglante, fit courir le bruit qu'il s'était empoisonné. A cette nouvelle fatale, Éponine s'abandonna au plus violent désespoir et fut trois jours et trois nuits sans pouvoir dormir ni prendre aucune nourriture. Sabinus craignant qu'elle succombât à l'excès de sa douleur la fit prévenir qu'il vivait encore, mais il lui commanda de feindre les mêmes regrets et de porter le deuil.

Éponine renferma sa joie dans son cœur et joua pendant le jour le rôle d'une veuve désespérée et le soir elle allait à la dérobée se renfermer dans le souterrain qu'habitait son mari.

Au bout de neuf ans le fatal secret fut découvert et Sabinus fut condamné à mort. Éponine alla se jeter aux pieds de Vespasien et implora la grâce de son mari; l'empereur parut un instant ému, mais il proclama le fatal arrêt. Ordonne aussi ma mort, lui dit-elle, je ne survivrai pas à mon mari.

Elle périt ainsi que son époux l'an 78 de Jésus-Christ.

Jeanne Hachette, l'héroïne de Beauvais, s'est rendue célèbre par le courage qu'elle déploya lors du siége que le duc de Bourgogne fit de cette ville en 1472. On la vit monter sur la muraille, arracher l'étendard des mains d'un soldat bourguignon et le porter à l'église des Jacobins, où il a toujours été conservé depuis.

Pour témoigner sa satisfaction pour le courage que les femmes montrèrent dans ce siége mémorable, Louis XI leur accorda le droit de précéder les hommes à la procession et à l'offrande le jour de la saint Agadrême, patronne de la ville.

La date de sa mort est inconnue.

Madame de Campan naquit à Paris le 6 octobre 1752; elle était fille de M. Genet, premier commis au ministère des affaires étrangères. Marmontel lui faisait réciter, à l'âge de quatorze ans, les plus belles scènes de nos chefs-d'œuvre dramatiques, ce qui lui fit obtenir la place de lectrice de Mesdames, filles du roi.

Pendant l'espace de vingt années, jusqu'au 10 août 1792, Mme de Campan ne quitta pas la reine Marie Antoinette. Son dévouement alla jusqu'à vouloir se renfermer au Temple avec la reine. Pétion s'y opposa. Dans son désespoir elle se retira à Coubertin dans la vallée de Chevreuse.

Par la suite Mme de Campan s'occupa d'éducation pour vivre, elle eut pour élève la reine Hortense et l'héroïque Mme de La Valette. Elle fut nommée directrice de la maison d'Ecouen. Elle mourut le 16 mars 1822. Les livres d'éducation qu'elle a laissés sont devenus célèbres.

Madame Deshoulières naquit à Paris, en 1633. Son père Du Ligier de la Garde, était maître d'hôtel de la reine Anne d'Autriche. La nature prit plaisir à rassembler dans Mlle Antoinette de la Garde les agréments du corps et de l'esprit, à un point qu'il est rare de rencontrer. Elle parlait l'italien, l'espagnol, le latin et faisait des vers admirables qui parurent en 1672. — Rien n'est plus gracieux que sa charmante idylle : *Dans les prés fleuris*, etc... Elle était liée avec les hommes les plus célèbres de son temps : les deux

Corneille, Fléchier, etc. Elle fut chantée par les poètes et surnommée la dixième muse.

Elle mourut à Paris, le **17** février **1694**.

Jeanne d'Arc, la vierge inspirée qui sauva la France, naquit à Domremy en **1410**. Son père se nommait Jacques d'Arc et sa mère Isabelle Romée. Sa mère lui donna les premières notions de religion, elle était laborieuse, douce, simple et bonne. Dès son plus jeune âge un penchant extrême à la dévotion se manifesta en elle; — elle n'aimait à parler que de Dieu et de la Sainte-Vierge.

Elle était si charitable qu'elle distribuait aux pauvres tout ce qu'elle possédait; si hospitalière qu'elle voulut plusieurs fois céder son lit à des malheureuses sans asile. Un jour qu'elle était sous un gros arbre, dans le jardin de son père, elle entendit des voix qui lui ordonnait d'aller trouver le roi Charles VII et de le faire sacrer à Rheims, après avoir fait lever le siége d'Orléans. — Orléans fut délivré et les Anglais frappés de terreur, poursuivis par Jeanne d'Arc, perdirent toutes leurs conquêtes.

Elle fut faite prisonnière au siége de Compiègne et conduite à Rouen. où les Anglais eurent la cruauté de la condamner à être brûlée vive le **31** mai **1431**.

Madame de Lafayette, naquit en **1652**. Son père, Aymar de La Vergne, était maréchal de camp et gouverneur du Havre; sa mère, Marie Pena, était d'une ancienne famille de Provence.

Menage et le père Rapin se chargèrent de lui enseigner le latin, elle devint aussi forte qu'eux dans cette langue.

En **1675**, âgée de vingt-deux ans, elle épousa le comte de Lafayette. Elle se plut à réunir chez elle tous les hommes distingués dans les lettres, et ses ouvrages la placèrent au premier rang des écrivains de son temps. — Elle se consacra sur la fin de ses jours aux pratiques de la plus austère dévotion.

Mademoiselle de Sombreuil. — L'une des femmes les plus distinguées de son temps, par son esprit, sa beauté et surtout par ses vertus. Elle fut assez heureuse pour attendrir les assassins prêts à égorger son père. Son héroïque dévouement excita l'admiration de ces hommes féroces et quatre d'entre eux la reconduisirent en triomphe à l'Hôtel des Invalides à côté de son père. Mise en arrestation quelques mois après avec ce père chéri et son frère aîné, elle eut la douleur de les voir conduire à l'échafaud, sans pouvoir toucher les juges du tribunal révolutionnaire. Après la révolution elle se rendit en Prusse et ne rentra en France qu'en **1815**. Elle se fixa à Avignon où elle mourut dans le mois de mai **1823**.

Blanche de Castille, fille d'Alphonse, dit le noble et le bon roi de Castille, et de Léonor d'Angleterre, née en **1185**. — Elle épousa, en **1200**, le prince

Louis, fils de Philippe-Auguste. Elle fit sacrer son fils Louis IX à Reims le 1er décembre 1223, et par sa conduite ferme et noble, elle se fit aimer et respecter. Son fils conserva toute sa vie une grande déférence et une grande docilité envers sa mère.

Lorsque saint Louis partit pour la Terre Sainte, la reine Blanche fut déclarée régente du royaume. Elle mourut le 1er décembre 1252, elle avait soixante-sept ans. Quelques jours avant sa mort, elle prit l'habit de l'ordre de Citeaux et fit ses vœux entre les mains de l'abbesse de Montbuisson.

Ma chère Anna, ma bonne mère, qui est près de moi, me promet de donner une seconde soirée des poupées historiques pour fêter ton retour à la santé. Dépêche-toi donc, ma chère amie, de te rétablir, pour que tu puisses voir ce jeu qui m'a procuré tant de plaisir.

Je t'embrasse, ma chère Anna, et suis toujours ton amie bien dévouée.

BLANCHE DE WALMORE.

Patron du Manteau-Rotonde de la maison Le Roy, rue Tronchet, 18.

Nous donnons dans notre numéro d'aujourd'hui un patron facile. Nous voulons laisser le temps à nos jeunes élèves d'étudier notre cours de dessin que nous commençons aujourd'hui.

Le tour de la rotonde et le cou doivent être bordés d'un liseré écossais, posé en biais, ou d'une frange.

Nous ne donnons qu'un côté de la rotonde, l'autre se coupera en tournant le patron.

COURS DE DESSIN.

Nous commençons aujourd'hui, chères petites lectrices, le cours de dessin que nous vous avons promis. Notre désir est de faire naître en vous le goût de cet art charmant qui est, non-seulement une puissante ressource contre l'ennui, un délassement pour l'esprit, mais surtout, comme l'a dit un spirituel écrivain : « un aliment pour le cœur. » C'est, en effet, par l'étude du dessin qu'on arrive à aimer la nature, à la comprendre, à l'admirer dans ses innombrables effets ; et cet amour de la nature remplit le cœur de sentiments purs et élevés, car il conduit à la recherche constante du *beau,* sous quelque forme qu'il se présente.

Vous devrez donc, chères petites lectrices, tout observer, tout étudier ; le doux et frais visage de l'enfant, le pur ovale de la jeune fille, les traits accentués du vieillard, les poses, les formes et les mouvements si variés des animaux. La nature inanimée vous offrira aussi un vaste champ d'étude, soit que vous vous trouviez devant une table chargée de fruits, soit dans un beau parterre orné de fleurs.

Les parcs, les bois, les champs, les villages, le bord des rivières, la mer vous fourniront encore des modèles sans nombre ; et quand vous dessinerez d'après nature (c'est là le but auquel vous devez tendre) que de plaisir n'éprouverez-vous pas, dans vos promenades, dans vos voyages à fixer sur votre album le souvenir des objets, des sites qui vous auront impressionnés, qui auront frappé votre imagination?

Ne serez-vous pas bien heureuses aussi de pouvoir reproduire les traits chéris de vos parents, de vos omies? Que de joie vous leur donnerez! Que de charmantes surprises vous leur ménagerez ! Et qui sait ?... quelques-unes d'entre vous, prenant l'étude du dessin au sérieux, deviendront peut-être un jour des artistes distinguées.

Mais pour en arriver là il faudra beaucoup travailler. Nous ne saurons donc trop vous recommander de vous montrer bien persévérantes, de ne pas vous décourager si, dès le début, vous n'arrivez pas au résultat que vous désirez.

Nous essaierons d'éviter la monotonie, l'aridité des premiers principes en publiant alternativement des modèles de paysage et de figure.

Les fruits, les fleurs, les animaux, la marine, la nature morte, trouveront aussi leur place dans notre recueil aussitôt que vous vous serez familiarisées avec les premières difficultés que présentent les deux genres principaux.

PAYSAGE.

1 — Perspective.

Pour devenir paysagiste, il est indispensable de connaître la *perspective.* Nous vous en enseignerons les éléments pour l'intelligence desquels nous devons dès à présent vous faire connaître quelques définitions de géométrie.

1. La *Géométrie,* comme son nom l'indique, a pour objet la mesure de *l'étendue.*

2. L'*Étendue* a trois dimensions : *longueur*, *largeur*, *hauteur* ou *épaisseur*.

3. Ce qu'on appelle *solide* ou *corps* réunit ces trois dimentions.

4. Une surface n'a que la *longueur* et la *largeur* sans épaisseur.

5. La ligne n'a que la *longueur* sans largeur ni épaisseur.

6. Le *point* est l'endroit où deux lignes se rencontrent. Il n'a ni longueur, ni largeur, ni épaisseur, c'est-à-dire qu'il n'a pas d'étendue.

7. La ligne *droite* est le plus court chemin d'un point à un autre.

8. Une ligne qui n'est ni droite ni composée de lignes droites s'appelle ligne *courbe*.

9. La ligne *brisée* est celle qui est composée de lignes droites.

10. La ligne *horizontale* est celle que représente la surface de l'eau tranquille.

11. La ligne *verticale* est représentée par le fil à plomb librement suspendu.

12. Un *plan* est une surface sur laquelle on peut appliquer une ligne droite dans tous les sens. La surface d'une table de marbre, par exemple, représente bien un plan.

13. Deux lignes droites qui se coupent forment entre elles ce qu'on appelle un *angle*. Le point de rencontre est le *sommet* de l'angle ; les lignes en sont les *côtés*.

14. Quand deux lignes droites en se rencontrant forment deux angles égaux, ces angles sont *droits* et les deux lignes sont dites *perpendiculaires* l'une à l'autre.

15. Le plan du tableau est la surface sur laquelle le dessinateur veut reproduire l'image de la nature. On peut assimiler cette surface à un carreau de verre à travers lequel le dessinateur apercevrait les objets qu'il veut copier, sans changer de position.

16. *La ligne d'horizon* est celle qui représente la séparation du ciel et de la terre. Dans une grande plaine, sur la mer cette ligne se voit distinctement. Il n'en est pas de même dans un paysage où se trouvent des accidents de terrain, des bois, des édifices, etc. La ligne *d'horizon*, dans ce cas, doit-être déterminée et tracée par le dessinateur. De là, deux sortes d'horizons :

Horizon *visible* ou *réel* (fig. **1**).

Horizon *fictif* (fig. **2**).

La ligne d'horizon est toujours placée à la hauteur de l'œil du spectateur.

Le *point de vue* se trouve sur la ligne d'horizon ; c'est la rencontre de la ligne droite fictive qui part de l'œil du spectateur et qui aboutit perpendiculairement à la ligne d'horizon (fig. **3**). On l'appelle aussi *point principal*. Selon l'inclinaison par rapport au plan du tableau des différents objets qu'on veut représenter, les lignes qui déterminent ces objets vont concourir à divers points situés invariablement sur la ligne d'horizon. On les appelle *points de fuite* ou *points accidentels* (fig. 4). Nous reviendrons par la suite sur cette dernière définition dont les applications sont nombreuses.

CAM.

LA POUPÉE JAPONAISE.

—

(Suite)

Ce fut, mes jeunes lectrices, un beau spectacle que de voir ce jeune enfant, loin de sa patrie, loin de ses parents, dans un pays lointain, risquer sa vie pour sauver celle d'une autre enfant qu'il ne connaissait point. Mais il se rappelait qu'il faut toujours se secourir quand on le peut, car Dieu nous le recommande. De plus il songeait à ses parents et au bon curé de son village qui auraient été si heureux de le voir mettre en pratique ses préceptes et sauver par son dévoûment, dans une circonstance pareille, un de ses semblables.

Tout le monde l'applaudissait sur le quai et l'encourageait. Le père de l'enfant avait été prévenu, et il arriva avec ses serviteurs et offrit à Pierre tout ce qu'il pouvait désirer de plus beau, de plus riche pour sa récompense.

Pierre nageait bien, il saisit facilement l'enfant, mais le mouvement des eaux les sépara, et à deux reprises différentes, il fut obligé de plonger pour ressaisir la jeune Japonaise. Enfin, il la prit avec plus d'énergie et s'approcha du quai où on lui jeta une corde qu'il passa autour de leur corps. Malheureusement, la corde avait été mal choisie, elle cassa et ils furent engloutis de nouveau par les eaux. La foule criait et se lamentait. Le pauvre père faisait pitié, tant il pleurait, tant il était désolé. La malheureuse bonne se roulait par terre, en appelant Dieu à l'aide de sa jeune maîtresse. Par un hasard providentiel, Pierre parvint à s'accrocher à une chaîne qui soutenait l'ancre d'un navire. Des marins montèrent dans une barque, et longeant le bord du quai, parvinrent enfin à les saisir tous les deux. Ils furent ramenés sur le quai au milieu des vivats et des applaudissements frénétiques de la foule.

La jeune Japonnaise fut emportée sans connaissance par sa bonne; son père, dans une désolation profonde, la suivait avec ses serviteurs qui versaient d'abondantes larmes en pensant qu'ils allaient peut-être perdre leur jeune maîtresse.

Pierre fut enlevé et porté en triomphe par la foule qui le conduisit chez la jeune Japonaise qu'il venait de sauver.

Dieu ne voulut pas que la belle action que Pierre venait d'accomplir fût incomplète. La jeune Japonaise, en arrivant, ouvrit les yeux et demanda à voir son sauveur. Alors, notre jeune mousse fut embrassé, caressé par toute la famille et on lui offrit tout ce qu'il pouvait désirer. Mais Pierre refusa tout.

— J'ai fait mon devoir, répondait-il, je ne dois rien accepter, car on penserait que j'ai agi par intérêt. Je suis très heureux d'avoir sauvé votre fille; ma mère sera contente de ma bonne action, mais elle aurait bien de la peine, bien du chagrin si elle apprenait que je me suis laissé payer.

— Oh! acceptez un souvenir de moi, disait la petite Japonaise, en se jetant dans ses bras; mon petit ami, mon bon sauveur; prenez cet or, ces bijoux pour votre petite Marie que vous aimez tant; rendez-là riche et heureuse en lui donnant ces objets qui seront un témoignage de ma reconnaissance et un souvenir de votre belle action. — Oh! non, disait Pierre, je ne puis rien acepter; Marie ne serait pas contente si je recevais un cadeau pour avoir rendu un service.

Enfin à force de supplications, il se décida à accepter la belle poupée japonaise, dont il avait admiré les grâces et la beauté.

— Marie sera bien heureuse, disait-il, d'avoir une si belle dame pour jouer avec elle.

Mais sans que Pierre s'en fût aperçu la petite fille avait jeté au cou de la poupée un magnifique collier de perles.

Pour sa bonne action, pour son courage et son dévouement Pierre fut félicité par tous ses chefs, et reçut une gratification.

Quelques mois après il rentrait en France. Là seulement il apprit la valeur du collier de perles. Le bon curé le vendit, de sa part, à un bijoutier, qui en donna vingt mille francs. — Au moyen de cet argent reçu si miraculeusement, Pierre retira ses parents de la misère, il fit instruire Marie, et lui fit apprendre une bonne profession, car il comprenait que la fortune la plus solide est celle qui nous vient du travail, et il se rappelait ces paroles du bon curé :

L'oisiveté est la mère de tous les vices.

Quant à lui il se libéra du service; puis il acheta un droit de pêche, prit sa barque sous sa direction, et maintenant il est un des plus riches propriétaires et pêcheurs de tous les environs. — Il va dans quelques mois se marier avec sa jolie cousine, qui maintenant est une grande et charmante fille, douce, pieuse et charitable.

La poupée japonaise est pour eux une relique; ils l'ont placée sous un globe de verre avec cette légende :

Un bienfait n'est jamais perdu.

PAUL MERSAN.

FIN

Prix de l'Abonnement :

Paris : un an, **10** fr.; six mois, **6** fr.
Départements : un an, **13** fr.; six mois, **7** fr.
Étranger : un an, **15** fr.; six mois, **8** fr.

On reçoit un numéro d'essai contre 50 c. en timbres-poste.

Le bureau de rédaction et d'abonnements : chez M. H. Duru, directeur, rue d'Enfer, 126.

Écrire *franco*; joindre un mandat à l'ordre de M. H. Duru, rue d'Enfer, 126, Paris.

Le Directeur : **H. DURU.**

PARIS. — IMPRIMERIE ÉMILE VOITELAIN ET COMP., RUE JEAN-JACQUES-ROUSSEAU 15

N° 8   Prix : 50 c.   1er Décembre 1863

LA POUPÉE

RECUEIL DE TOUS LES TRAVAUX DES PETITES DEMOISELLES

IMAGES, MUSIQUE, DESSIN ET LECTURES AMUSANTES

Paraissant le 1er et le 16 de chaque mois

Bureau de Rédaction et d'Abonnements chez M. H. Drur, rue d'Enfer, 126, Paris
Prix de l'Abonnement : PARIS, un an 10 fr.; six mois 6 fr.
DÉPARTEMENTS, un an 13 fr.; six mois 7 fr. — ÉTRANGER, un an 15 fr.; six mois 8 fr.
On s'abonne aussi chez M. SAUSSINE, rue du Cloître-St-Jacques, 10, près la rue St-Denis
à la Mère de Famille, rue Tronchet, 18.

PRIME. — On donne pour un abonnement d'un an une magnifique boîte, soit : mercerie ou
tapisserie, joux, loteries, toilette de la poupée, etc.
Le même journal, une fois par mois : Paris, 5 fr.; départements, 7 fr.; étranger, 10 fr.

LE PETIT SINGE

—

Dans un hameau, situé près d'une grande forêt, il y avait un vieillard et sa femme qui habitaient une pauvre chaumière avec leur petite fille, nommée Alice.

Le bonhomme ramassait du sable et la bonne femme allait avec sa petite fille chercher du bois mort dans la forêt. Elles faisaient quelques fagots qu'elles allaient vendre à la ville. Du produit de ce chétif travail ils vivaient bien pauvrement.

Un jour la bonne femme et Alice étaient allées au bois comme d'habitude; elles revenaient chargées l'une et l'autre, lorsque la mère, qui marchait la première, aperçut au milieu de la route un petit singe de bois; elle le ramassa et le montra à sa petite fille. Alice le trouva si joli qu'elle pria sa grand'mère de le lui donner. Il est vrai qu'il était impossible de voir rien de mieux fait et de plus gentil que ce petit singe; aussi, Alice ne pouvait se lasser de l'admirer; en arrivant à la chaumière elle le regardait encore, et pour ne pas le perdre de vue elle le plaça sur la cheminée.

Le lendemain il tomba une telle quantité de neige, qu'il fut impossible d'aller dans la forêt. Le soir le bois manqua pour faire cuire la soupe; la bonne femme apercevant le petit singe sur la cheminée, dit à sa petite fille qu'elle avait bien envie de le jeter au feu pour faire cuire le souper.

Elle n'avait pas fini de dire ces paroles, que l'on entendit une petite voix flûtée dire deux fois : *non, non.* La bonne femme se retourna et demanda Alice si c'était elle qui venait de dire *non.* La petite répondit qu'elle n'avait pas ouvert la bouche, et qu'elle même avait cru que c'était sa grand'mère qui avait prononcé le mot *non.*

Grand'mère, dit Alice, le petit singe est bien gentil; il est si petit qu'il ne ferait pas un grand feu; je demande grâce pour lui; permettez-moi de le *garder.* Elle avait à peine achevé le mot *garder,* que l'on entendit la même petite voix flûtée dire deux fois : *oui, oui.*

Pour le coup, la mère et la fille furent sérieusement effrayées; elles se tournèrent de tous les côtés pour chercher d'où pouvait sortir cette petite voix qu'elles entendaient pour la deuxième fois, mais elles ne virent personne.

Le bonhomme rentra à la chaumière; elles s'empressèrent de lui raconter ce qui leur était arrivé. Le bonhomme fut aussi surpris qu'elles, et ne put donner aucune explication.

Il demanda à voir le petit singe, l'examina, et dit à sa femme qu'il pensait comme elle, qu'il n'était bon qu'à jeter au feu. Alors la petite voix se fit entendre pour la troisième fois, et dit : *non, non, non.*

Le bonhomme fut si effrayé à son tour, qu'il laissa tomber le petit singe qui alla rouler dans le feu. La petite fille le ramassa lestement et le mit dans sa poche.

Quand la frayeur se fut un peu calmée chez ces bonnes gens, ils se dirent que peut-être ils s'étaient trompés, et que quelques passants avaient sans doute prononcé ces mots qui les avaient tant effrayés. Là-dessus ils allèrent se coucher.

Le lendemain matin Alice fut très-étonnée de ne plus trouver son petit singe dans sa poche; elle le chercha partout, mais inutilement, car elle ne le trouva pas.

Le temps était encore très-mauvais, mais comme il n'y avait pas de bois à la maison, il fallait aller en chercher.

Alice partit seule pour la forêt, laissant sa mère qui était souffrante.

En arrivant sur la lisière du bois elle fut bien surprise de voir un gros fagot; elle approcha, et vit son petit singe sur le fagot; il paraissait l'attendre. Elle ne put comprendre comment il se trouvait dans la forêt.

Elle était si joyeuse, qu'elle oublia tout ce qu'il y avait d'extraordinaire dans ce fait pour ne penser qu'au plaisir de retrouver son petit singe : elle le prit, l'embrassa et lui demanda en riant si c'était lui qui avait fait ce gros fagot-là. La petite voix flûtée répondit encore : *oui, oui.*

Cette voix était si douce qu'Alice fut moins effrayée; elle mit son petit singe dans sa poche et emporta le fagot.

Le jour suivant la mère d'Alice, étant plus malade, dut se mettre au lit. La petite fille fut encore obligée d'aller seule à la forêt. En arrivant elle trouva deux gros fagots. Elle en prit un qu'elle vendit à la ville, acheta quelques médicaments qu'elle rapporta à la maison.

Alice raconta à sa mère ce qui lui était arrivé avec son petit singe, et lui dit qu'elle était bien heureuse d'avoir sauvé ce bon petit singe du feu, que sans lui elle n'aurait pas pu lui acheter des médicaments.

Dès ce moment le petit singe fut aimé et choyé de toute la famille.

Le printemps arriva et la mère d'Alice était toujours malade, le bonhomme sans ouvrage, le bois se vendait mal ; enfin la misère était bien grande dans la chaumière.

La pauvre petite ne savait comment faire pour acheter du pain et des médicaments.

Elle partit un matin bien soucieuse ; en arrivant dans la forêt elle fut bien étonnée de voir son petit singe près d'une grande corbeille pleine de fraises. Alice prit son petit singe, l'embrassa, et alla vendre les fraises à la ville. Elle revint bien joyeuse à la chaumière, rapportant du pain et des médicaments à sa mère.

Comtesse de Chaleska.

(La suite au prochain numéro).

CORRESPONDANCE

Monsieur le Directeur,

Je vous dois bien des remercîments pour les bons conseils que vous m'avez donnés dans votre journal. Je dois à ces conseils d'être complétement changée : d'une petite fille volontaire et très-paresseuse que j'étais, je suis devenue sage, laborieuse et obéissante. Il est vrai que ma bonne mère a bien voulu me faire comprendre l'utilité du travail et de l'étude. Je croyais qu'étant née de parents riches, je ne devais pas travailler, que la fortune me mettant à l'abri du besoin, je pouvais laisser aux malheureux le travail des mains. Mais je reconnais aujourd'hui que j'étais dans une bien grande erreur, et que si on ne travaille pas pour vivre, on doit le faire pour venir en aide à ses semblables, pour les soulager dans leurs infortunes et pour contribuer à leur bonheur.

« La fortune, m'a dit ma mère, a des revers terribles : l'histoire nous

« montre Denys le jeune, chassé de Syracuse par ses sujets, se faire maître
« d'école pour satisfaire son goût pour l'étude; Marie-Antoinette occupant
« les longues et tristes heures de sa captivité à ravauder des bas;
« Louis-Philippe, enseignant les sciences pendant son exil en Suisse, et
« tant d'autres grandes infortunes supportées avec courage et dignité,
« grâce au travail utile.

Ma mère m'a fait comprendre aussi que de toutes les joies de ce monde,
la plus vraie, la plus pure et la plus durable, est celle qui nous vient des
services que nous rendons à notre prochain, des bienfaits que nous répan-
dons dans la mesure de nos forces et de notre fortune.

« Que de misères (c'est ma mère qui parle) n'y a-t-il pas autour de nous,
« souvent à notre porte. Ces misères, nous pouvons les soulager d'une
« manière autrement efficace que par l'aumône. »

Ces bonnes paroles m'ont tant fait réfléchir, qu'elles m'ont donné l'idée
d'organiser avec quelques-unes de mes amies de mon âge, un petit atelier de
confection de robes, chemises et autres vêtements pour les petites filles.
Tous les jeudis nous consacrerons l'après-midi à ce travail, et quand nous
aurons un certain nombre d'ouvrages confectionnés, nous en ferons une
distribution aux petites filles qui en auront le plus besoin.

J'ai soumis mon idée à ma bonne mère, qui l'a accueillie avec joie; elle
m'a dit en m'embrassant : « Je me charge de te fournir toutes les étoffes
» qui te seront nécessaires; elles seront achetées exprès pour ce travail; et
» les mères de tes petites amies, à qui je vais faire part de ton projet, ne
» manqueront pas, j'en suis convaincue, d'apporter leur concours à cette
» bonne œuvre. »

Je vous le répète, monsieur le directeur, c'est à vous que nous devrons,
mes amies et moi, de devenir de petites ouvrières et de nous rendre utiles en
nous amusant.

Nous ne négligerons pas pour cela nos poupées; nous les habillerons avec
le plus grand soin, et ce sera par ce travail que nous nous essaierons.

Les plus âgées, les plus adroites d'entre nous seront les patronnes, et les
moins expérimentées seront naturellement les apprenties. Nous varierons
notre travail : la broderie, la tapisserie, le crochet, et d'autres ouvrages de
goût et de fantaisie ne seront pas exclus de notre petit atelier, et tout ce qui
sera confectionné en fait d'ouvrages autres que ceux que nous destinons à
nos petites protégées, sera mis en loterie. Le produit de cette loterie nous
servira à faire des achats d'étoffes et autres objets nécessaires à notre travail.

Le jour du tirage de la loterie sera fixé assez longtemps à l'avance pour
que nous puissions en faire l'objet d'une petite fête de famille : la musique.

le chant, nous viendront en aide pour rendre cette fête attrayante et lui donner un peu d'éclat.

J'oubliais de vous dire, monsieur le directeur, que nous admettrons dans notre atelier quelques-unes des petites filles qui désireront apprendre avec nous le travail d'aiguille. Puisqu'elles ne sont pas assez heureuses pour avoir d'aussi jolies poupées que les nôtres, nous les leur prêterons avec plaisir, heureuses que nous serons du bonheur qu'elles auront à s'exercer au travail tout en s'amusant comme nous.

C'est avec une bien grande satisfaction, monsieur le directeur, que je viens vous faire part de ce charmant projet; et, comme nous allons nous mettre à l'œuvre, je ne manquerai pas de vous tenir au courant des résultats que nous obtiendrons.

Mon excellente mère avait bien raison de me dire que le vrai bonheur est inséparable des bonnes pensées et des bonnes actions. Depuis que je me suis corrigée de ma paresse et de mon insouciance, je me trouve la plus heureuse des petites filles.

Je vous prie d'agréer, monsieur le directeur, mes bien respectueuses salutations.

Valentine d'Hastrel.

Explication des patrons du pantalon, du fichu et du Bonnet.

PANTALON.

Prendre du papier fort, calquer le patron que nous donnons et le placer sur l'étoffe dans le sens de la lisière comme nous l'avons dit dans notre n° 1. Le haut du pantalon doit être froncé de manière à ne laisser que vingt-deux centimètres de tour, — poser la ceinture à plat sur le haut du pantalon, — le bas du pantalon peut être brodé ou garni d'une petite dentelle.

FICHU.

Le fichu peut être facilement monté en suivant les indications que je donne sur le patron. Le col du fichu doit avoir quatorze centimètres de tour.

BONNET.

Couper les deux côtés du bonnet en retournant le patron pour le second côté, — froncer le milieu du bonnet de manière à ne lui laisser que la grandeur des côtés.

Tapisserie. — Pantoufles.

Nous donnons un modèle de pantoufles de la poupée n° 4; nous engageons nos jeunes élèves à se procurer un canevas sur lequel se trouve imprimé en couleur des pantoufles de poupées. Si elles n'en trouvaient pas dans leur localité, nous nous offrons de leur en envoyer *franco*, contre quarante centimes en timbres-poste. Il leur sera bien plus facile de broder sur ce canevas imprimé que sur un canevas qu'elles traceraient elles-mêmes d'après notre dessin.

On peut faire cette tapisserie à la main, mais elle se fait mieux au métier ; le canevas est plus tendu, les points se comptent mieux et le travail se fait plus facilement.

Les points de tapisserie sont au nombre de seize ; nous les ferons connaître successivement à nos jeunes élèves. Pour cette fois nous leur dirons que le point dont elles doivent se servir pour faire les pantoufles que nous leur donnons, est le *gros point*, ou point de marque.

Si nos jeunes élèves n'ont point oublié le point droit, elles l'emploieront pour faire leurs pantoufles ; elles piqueront l'aiguille de deux fils en deux fils et feront le retour pour couvrir le point.

COURS DE DESSIN.

PAYSAGE.

Leçon II. — *Perspectives et éléments de fabriques*

Revenons un instant sur la définition 15 (voir le n° 7) et supposons que vous vous trouviez dans un salon, devant une fenêtre d'où vous apercevez un paysage. S'il vous était possible de tracer sur l'un des carreaux de la fenêtre les contours des différents objets qui composent ce paysage, vous auriez la représentation exacte. Eh bien, la *perspective* a pour but de suppléer à cette sorte de calque par un travail raisonné, c'est-à-dire de *représenter sur une seule et même surface plane les objets* TELS QU'ILS NOUS APPARAISSENT DANS LA NATURE.

Transportons-nous à l'entrée d'une allée droite bordée d'arbres. Ces arbres semblent se rapprocher de plus en plus jusqu'à se toucher, se réunir en un même point. Un effet analogue se produit dans une salle, dans une galerie : il nous semble que le plafond descend et que le parquet s'élève.

Ces déformations se nomment *illusions d'optique*. Vous arriverez facilement à vous les expliquer quand vous aurez acquis, par la suite, l'habitude d'observer.

La *perspective* se divise en deux branches bien distinctes : la *perspective linéaire* et la *perspective aérienne*.

La première, dont nous vous enseignons les principes les plus élémentaires se rapporte seulement aux lignes, aux contours, aux *formes apparentes* des objets. La seconde a pour but d'exprimer par la gradation des nuances les divers degrés d'éloignement de ces objets : on ne l'apprend que par une étude approfondie de la nature, étude qui doit être constamment aidée et dirigée par le sentiment. Aussi peut-on dire qu'elle ne l'enseigne pas.

Nous vous donnons aujourd'hui à copier une étude de *fabrique* (1) (on désigne sous ce nom les édifices, constructions, etc.). Les lignes pointillées (fig. 1) servent à vous indiquer la manière de trouver le sommet des toits.

Règle générale. — Il faut, en commençant un paysage, soit d'après un modèle, soit d'après la nature, déterminer la hauteur de l'horizon et placer le point de vue.

On indique par des lignes très-légères l'*ensemble* du *motif*, puis on fait l'*esquisse* (fig. 1); enfin on le termine par la *mise à l'effet* et par les détails (fig. 2).

Le crayon qui convient le mieux pour les premières études de paysage, est de mine de plomb; il doit être d'un numéro moyen : Gilbert ou Faber nº 2. Il porte ordinairement la marque B.

Il faudra bien nous attacher à mettre les lignes d'aplomb, c'est-à-dire verticales (définition 11). La ligne d'horizon devra constamment nous servir de guide.

Cam.

ENFANTILLAGES.

Nous avons, mes chères petites lectrices, une nouvelle bien attrayante à vous apprendre; les artistes qui s'occupent de vos charmants jouets n'avaient pas dit leur dernier mot sur la poupée, ils viennent d'en créer une qui laisse bien loin derrière elle tout ce que la mécanique avait produit jusqu'à présent; cette poupée merveilleuse est animée, — elle marche, — oui, elle marche comme vous et moi, elle peut seule faire son entrée dans un salon, aller se coucher, se conduire dans un jardin et vous suivre à la promenade ; enfin c'est une véritable petite fille. Je crois que si cette invention avait été

---

(1) Tous les modèles qui composeront notre cours de dessin seront faits d'après nature : présentant un grand caractère de vérité, ils rendront l'étude infiniment plus attrayant et par conséquent plus profitable.

connue de Mme de Walmore, toutes ses charmantes poupées historiques seraient entrées seules dans son salon.

Soyons donc bien sages, mes chères petites lectrices, en attendant le Jour de l'An, et tâchez par votre travail, votre obéissance, d'obtenir de vos chères mamans une de ces poupées merveilleuses.

LE PETIT BOSSU.

Le lendemain, il apprit que son père et sa mère étaient à la campagne; il profita de cette circonstance pour jouer encore un bon tour à ses méchants frères.

Le petit bossu se rendit invisible, et alla dans la boutique de son père au moment où ses frères étaient à table. Il prit son aiguille, et cousit si bien ses quatre frères aux chaises et à la table, qu'ils ne pouvaient se lever qu'en emportant les chaises et la table. Alors il se montra.

A sa vue, ils voulurent se jeter sur lui ; mais ils étaient rivés à leur chaise, et, à chaque mouvement qu'ils faisaient, ils entrainaient les chaises et la table.

Le petit bossu riait beaucoup de leurs vains efforts pour l'atteindre. Il les faisait courir dans la chambre, se rapprochait d'eux pour mieux les irriter, et s'éloignait lorsque ses frères étaient trop près de lui. Après s'être amusé ainsi pendant quelque temps, il partit en disant à ses frères qu'il les laissait à table et qu'il allait réfléchir à un nouveau tour de sa façon.

Les malheureux restèrent à table et cousus jusqu'à l'arrivée de leur père, qui eut beaucoup de peine à les découdre.

Notre petit bossu, qui avait un très-bon cœur, ne voulut pas pousser plus loin sa vengeance; il laissa ses méchants frères et partit pour l'Inde. En peu de temps il gagna une fortune considérable. Il revint à Harlem, fit beaucoup de bien à ses parents et aux pauvres. Il vécut très-longtemps riche et heureux.

Comtesse DE CHALESKA.

Mlle Blanche de R... ayant bien voulu nous envoyer le croquis de sa poupée historique, nous l'avons fait reproduire par notre dessinateur et nous donnons la gravure aujourd'hui. Nous continuerons cette galerie au fur et à mesure que nous recevrons de nouveaux croquis.

Par suite d'améliorations apportées à notre journal le prix du numéro chez les libraires sera de 50 centimes.

Le Directeur : **H. DURU.**

PARIS. — IMPRIMERIE ÉMILE VOITELAIN ET COMP., RUE JEAN-JACQUES-ROUSSEAU 45

N° 9   Prix : 50 c.   16 Décembre 1863

LA POUPÉE

RECUEIL DE TOUS LES TRAVAUX DES PETITES DEMOISELLES

JEUX, IMAGES, MUSIQUE, DESSIN ET LECTURES AMUSANTES

Paraissant le 1ᵉʳ et le 16 de chaque mois

Bureau de Rédaction et d'Abonnements chez M. H. Duru, rue d'Enfer, 126, Paris
Prix de l'Abonnement : Paris, un an 10 fr.; six mois 6 fr.
Départements, un an 13 fr.; six mois 7 fr. — Étranger, un an 15 fr.; six mois 8 fr.
On s'abonne aussi chez M. Saussine, rue du Cloître-St-Jacques, 10, près la rue St-Denis
à la *Mère de Famille*, rue Tronchet, 18.
PRIME. — On donne pour un abonnement d'un an une magnifique boîte, soit : mercerie ou tapisserie, jeux, loteries, toilette de la poupée, etc.
Le même journal, une fois par mois : Paris, 5 fr.; départements, 7 fr.; étranger, 10 fr.

CORRESPONDANCE

Nous recevons de Mˡˡᵉ Blanche de R... la lettre suivante :

« Monsieur,

« Une de mes meilleures amies, Mˡˡᵉ Jeanne d'A....., possède un joli petit chien qu'elle affectionne beaucoup ; il est vrai qu'il le mérite bien, car il est intelligent et caressant au possible. L'autre jour, nous étions réunies au salon et nous nous amusions à nous raconter des histoires. Quand le tour de Jeanne est arrivé, elle nous en a dit une qui nous a bien diverties ; c'est celle de son charmant petit épagneul. Ma mère, qui l'avait écoutée, m'a aidée à l'écrire aussitôt que je me suis trouvée seule avec elle.

« Vous avez bien voulu, Monsieur, accueillir la première lettre que j'ai eu l'honneur de vous écrire ; cela m'encourage à vous adresser cette historiette, racontée d'une manière charmante par mon amie. Si vous jugez qu'elle puisse intéresser vos lectrices, vous êtes libre, Monsieur, de la publier dans votre journal.

« Je joins à ma lettre le portrait-carte du héros de cette petite histoire ; votre dessinateur pourra peut-être en tirer parti.

« Dans l'espoir que cette communication vous sera agréable, je vous salue, monsieur, bien respectueusement.

« Blanche de R...,

« Votre abonnée. »

Nous sommes de l'avis de notre aimable abonnée, et nous publions ci-après l'historiette qu'elle a bien voulu nous communiquer.

AVENTURES DE SAUVÉ.

Un jour que Jeanne, jolie petite fille de huit ans, se promenait avec son père sur le quai de la Tournelle, elle aperçut un rassemblement considérable sur le pont et sur les quais ; elle pria son père de s'en approcher pour en connaître la cause.

En arrivant, ils virent que toutes ces personnes étaient réunies autour d'un jeune garçon qui voulait jeter un petit chien à l'eau.

Jeanne, émue de pitié pour ce pauvre animal, pria son père d'offrir quelques pièces de monnaie au petit garçon en échange de son chien. L'enfant accepta avec joie et donna le petit chien à Jeanne. Rentrée chez elle, Jeanne fit laver et peigner son chien, et lui donna à manger.

La pauvre petite bête voulut, par ses caresses, témoigner sa reconnaissance à sa bienfaitrice ; il se dressa sur ses pattes, la regarda avec des yeux pleins de douceur et marcha vers elle en lui posant la patte sur les mains. Jeanne appela son père et sa mère pour qu'ils fussent témoins des gentillesses de son chien. On décida qu'il se nommerait *Sauvé*.

Le petit chien parut comprendre que l'on parlait de lui et que l'on venait de lui donner un nom. Jeanne, voulant l'habituer de suite à venir à l'appel de son nom, se mit à le répéter plusieurs fois en regardant son chien : *Sauvé ! Sauvé !* L'intelligent animal comprit que sa maîtresse l'appelait ; il vint à elle, avec des mouvements pleins de joie, se coucher à ses pieds.

Un jour que Jeanne prenait sa leçon de lecture, *Sauvé* vint tout doucement près d'elle et se mit gravement à l'écouter. Jeanne fut tellement étonnée de son air intelligent, que l'idée lui vint de faire apprendre les lettres de l'alphabet à *Sauvé*.

Au bout de quelques jours, *Sauvé* put désigner avec la patte toutes les lettres de l'alphabet, au fur et à mesure que sa maîtresse les appelait.

Dès ce moment, Jeanne s'attacha de plus en plus à son chien. Elle pria son père de lui faire faire une petite niche dans sa chambre, pour l'avoir toujours près d'elle. Son père, bon et complaisant pour elle, parce qu'elle était sage et obéissante, fit faire ce qu'elle lui demandait. Depuis ce jour, *Sauvé* fut installé dans la chambre de sa maîtresse.

Une nuit, le feu prit aux rideaux du lit de Jeanne; *Sauvé*, comprenant le danger que courait sa maîtresse, arracha un rideau enflammé et sauta par la fenêtre en aboyant. Ce bruit réveilla le père de la jeune fille, qui arriva encore à temps pour la sauver.

Les parents de Jeanne éprouvèrent tant de joie d'avoir vu leur fille échapper à un si grand danger, qu'ils donnèrent une fête en l'honneur de son sauveur, qui reçut ce jour-là bien des caresses et un magnifique collier, sur lequel on avait gravé : « *Sauvé*, le sauveur de Jeanne. »

Il faudrait écrire un volume pour raconter les faits et gentillesses de *Sauvé;* ce que je puis dire, c'est qu'il avait appris à jouer aux dominos et que souvent il était le vainqueur.

Un jour, jour de deuil pour cette pauvre Jeanne, *Sauvé* fut introuvable; on le chercha partout; mais il fallut bien se rendre à l'évidence, *Sauvé* avait été perdu ou volé. Grande fut la désolation dans la maison, car *Sauvé* avait su se faire aimer de tout le monde.

Jeanne ne pouvait se consoler de la perte de son cher *Sauvé*. Ses parents, pour la distraire, la conduisaient souvent dans les fêtes; mais rien ne pouvait lui faire oublier son chien.

Un jour que Jeanne était allée aux Champs-Élysées, elle aperçut un petit théâtre sur lequel se trouvaient plusieurs chiens, qu'un homme faisait danser. Elle s'approcha machinalement de ce petit théâtre; mais, en regardant de plus près, elle reconnut son cher *Sauvé* sous un costume grotesque. *Sauvé* la vit aussi, et, prompt comme l'éclair, il sauta au milieu des spectateurs et vint se coucher aux pieds de sa maîtresse.

L'homme aux chiens, qui avait volé *Sauvé*, n'osa pas le réclamer.

Jeanne s'en revint toute joyeuse avec son ami *Sauvé*.

Pour fêter son retour, Jeanne invita toutes ses amies. Après une magnifique collation prise dans le jardin, on proposa une partie de loto. *Sauvé,* que l'on avait placé sur une chaise, suivit des yeux la distribution des cartons; lorsqu'il vit qu'on ne lui en donnait pas, il regarda sa maîtresse, avança la patte et prit un carton qu'il plaça devant lui. Ce manége n'avait point échappé aux amies de Jeanne, qui se mirent à rire et devinèrent que *Sauvé* avait sans doute appris à jouer au jeu de loto pendant son absence. On en fit l'essai, et grande fut la surprise de nos petites rieuses, lorsqu'elles virent que *Sauvé* était de première force au jeu de loto.

REVUE DES MAGASINS DE JOUETS
A PROPOS DU JOUR DE L'AN.

Voici le nouvel an. Heureuses les petites filles qui ont été bien sages, qui, par leur obéissance, leur travail et leur douceur, ont fait la joie et le contentement de leurs parents et de leurs maîtresses! C'est pour elles qu'il prépare ses plus belles étrennes. Déjà couturières et modistes ont mis la dernière main au trousseau et à la toilette des poupées, et de charmantes babys, aux joues rosées et aux lèvres souriantes, se montrent, dans leurs costumes les plus nouveaux et les plus variés, aux vitrines des marchands.

Nous savons, chères petites lectrices, avec quelle impatience vous attendez ce jour promis. Ce jour n'est-il pas votre fête? C'est pourquoi nous voulons être des premiers à vous la souhaiter. A peine entrées dans la vie, vous en possédez les dons les plus purs et les plus doux; vous avez la grâce, la naïveté, l'innocence, tout ce qui en fait le charme et le bonheur. A vous l'espérance! à vous l'avenir! Mais ces dons précieux, il dépend de vous de les conserver; car la Providence a déposé dans vos cœurs le secret de les faire germer et fructifier. Or, ce secret, vous le savez déjà : c'est de ne pas faire comme l'enfant prodigue et de rester fidèles à vous-mêmes, c'est-à-dire d'aimer vos parents, de mettre en pratique leurs conseils et les leçons de vos institutrices; en un mot, d'être sages, laborieuses, rangées, économes. Voilà, mes jeunes amies, à quelles conditions le bon Dieu fait grandir et prospérer les enfants?

A présent, que pouvons-nous souhaiter, sinon tout ce qui peut le mieux servir à récréer en même temps qu'à occuper et à exercer votre esprit? Il faut des jouets à l'enfant; car ces jouets ne sont pas pour lui des objets frivoles; ils lui servent à faire l'application des enseignements qu'il reçoit, et l'on peut juger de l'éducation d'une petite fille par la façon dont elle élève et gouverne sa poupée. Si le linge, les ajustements et le lit de la poupée sont propres, c'est que la jeune maîtresse possède elle-même cette vertu, une des plus précieuses. Et cela n'est pas seulement d'un bon exemple, mais la petite fille y trouve toujours sa récompense. Vienne, en effet, le Jour de l'An, elle n'a qu'à savoir où se trouvent les plus jolies poupées, pour que celle qui a fait son temps soit remplacée par une autre plus jeune et plus belle.

C'est dans cette prévision que nous sommes allés aux renseignements. Nous avons visité les principaux magasins de jouets de Paris; mais comment vous raconter les merveilles que nous y avons vues? Tout ce petit monde de princesses, de duchesses, de marquises, de soubrettes, de bergères, de cauchoises, de normandes et de bébés, est là qui vous parle des yeux et qui semble vous dire : — « Voyez comme je suis belle ou comme je suis mignonne! »—Il en est même à qui la parole ne manque pas, et qui marchent seules, comme vous et moi. C'est à se croire chez Séraphin ou dans un palais féérique.

Voici d'abord Giroux (boulevart des Capucines). A tout seigneur, tout honneur! Tout ce que peut rêver le caprice ou la fantaisie, vous le trouverez là en réalité. Nul n'a mieux appliqué l'art à l'industrie que Giroux. Ses poupées ne sont pas seulement des poupées, ce sont de grandes dames habillées avec une suprême élégance. Nous avons remarqué à ses vitrines une charmante *Polonaise* à rendre jalouse une petite princesse russe. Puis, ce sont des bergères ou des petits Saint-Jean à cheval sur des moutons; des mariées cauchoises, des folies montées sur deux ânes et agitant leurs grelots; des coqs chantant; des poules qui gloussent; des chevaux qui piaffent, attelés à une victoria, avec laquais devant et derrière. — Dans les salons, autres merveilles, telles que paniers-trousseaux, paniers-couturières, toilettes-pompadour, pâtés renfermant tout l'attirail de ménage d'une poupée; bureaux, dressoirs, buffets, valises, salons Louis XV, cuisines où les cuisinières vont et viennent, et où le feu flambe devant le rôti qui tourne avec la broche; jardins, trophées de jeu, etc.

Ainsi que la maison Giroux, la maison Susse frères (place de la Bourse) possède un véritable musée de jouets d'enfants. Il y a là surtout, chères petites lectrices, une nouveauté qui ne manquera pas de vous plaire : c'est une trousse de voyage renfermant tout le trousseau de la poupée avec des boîtes à bonbons. Cela s'appelle *le baptême de la poupée*. Nous vous recommandons également le bébé qui rit, pleure, fait des grimaces et envoie des baisers à volonté; les balayeuses, les petits fauteuils Louis XIII, etc.

Votre poupée habite-t-elle un château moyen-âge? Mme Bordes (rue du Grand-Chantier, 14) tient pour elle tout un ameublement en chêne sculpté, tables, bahuts, lit, fauteuils, vraiment dignes d'une châtelaine.

A présent, suivez-moi rue des Vieilles-Haudriettes, 6, chez Mme Hyppolite Vannier. Vous connaissez le joli conte de *Peau d'Ane*. A l'aide de ses doigts de fée, Mme Vannier l'a fait revivre. Rien de charmant comme ses poupées représentant cette jeune princesse dans ses trois costumes couleur du temps, couleur du soleil et couleur de la lune; — trois petits chefs-d'œuvre de goût et d'élégance. Il y a également chez Mme Vannier de fort belles nourrices avec leurs bébés; des chiffonnières avec des bonbons plein leurs hottes; des soubrettes dignes de servir les poupées de bonne maison; des bébés de Noël à surprises, etc.

Nous avons encore à vous signaler dans ces mêmes quartiers les jeux et ménages de Rolland (rue du Temple, 192); les poupées mobiles, changeant de costumes à volonté et les boîtes de mercerie, de tapisserie, de Mme Brisse (rue Saint-Denis, 216); le Jardin d'acclimatation, les jeux instructifs et les jeux de société de M. Saussine (rue du Cloître-Saint-Jacques, 10); chez Mme Chauffour (passage du Saumon), le Panier de joujoux, le Panier de campagne, le Ballon-Nadar, avec nacelle et parachute, de petits berceaux en fer, garnis de dentelle; des orgues à personnages, une jolie poupée-postillon, et surtout un charmant bébé; celui-là parle et marche, mais il n'est pas toujours sage. Ainsi lorsqu'on le couche, il pleure et crie, remuant bras et jambes. Il faut le bercer; après quoi il s'appaise, ferme les yeux et s'endort.

Le bébé mécanique se trouve également chez Guillard, *à la galerie Vivienne,* rue Neuve-des-Petits-Champs, 4. Cette année, comme les années précédentes, la maison Guillard se distingue par ses nouveautés. — Poupées javanaises marchant seules, chapelles à musique, ballons à hélice, aquarium, jeu de Rothomago, jeu de Crockett, châlets remplis d'animaux, pensions de demoiselles, chaises à porteurs avec personnages, ateliers de modistes, nécessaires, boîtes à fleurs. N'y a-t-il pas là, en effet, de quoi satisfaire tous vos goûts et toutes vos fantaisies?

Si vous allez chez Monnier (passage Jouffroy), regardez seulement aux vitrines : Voilà une Baby qui n'y restera pas longtemps. Assise dans sa voiture que traînent deux petites chèvres, elle sait où elle va : laissez la passer, mes jeunes amies, on l'attend à la cour du prince Charmant.

Vous n'avez qu'à descendre le long des boulevarts, à droite, et vous voilà chez Mme Breton (boulevart des Italiens, 11); vous y trouverez, comme chez Guillard, un grand choix de poupées et bébés marchant et parlant, la chaise à porteurs, la distribution de prix, les feux pyrrhiques, et plusieurs jeux nouveaux. — Mais ce qui recommande particulièrement la maison Breton, ce sont les objets d'art et de curiosité, les jouets de haute fantaisie, les statuettes, les jolis meubles en palissandre et en acajou. Vous pourrez y composer pour votre poupée le plus charmant intérieur qui se puisse voir.

A quelques pas plus loin, boulevart des Capucines, 27, comment passer devant *le Nain bleu* sans le visiter? Ce magasin, comme celui de Mme Breton, est pour vous, mes petites amies, une station obligée, car son patron, *M. Chauvière* est de ceux qui veulent vous plaire. Poupées à la mode avec leurs trousseaux, et quels trousseaux? des robes de soie ou de velours, de vrais cachemires de l'Inde, des fourrures, des capelines en satin piquées, garnies de cygne, des bottes à l'écuyère à lacets ou à boutons, des parures, des bracelets, des colliers, des éventails, des aumônières, etc.; — paniers de voyage, paniers-buffets, voitures Victoria, capote en cuir ployante, traînées par deux

chevaux harnachés qui s'attellent et se détellent à volonté; petites tables,
papéteries, parfumeries où rien ne manque, pas même la poudre de riz et la
brosse à dents pour la poupée; petits albums; voilà, en effet, les étrennes que
vous offre M. Chauvière!

Ne voulez-vous que renouveler le trousseau de vos poupées? Allez faire une
petite visite à Mme Leroy (rue Tronchet, 18). Mme Leroy est à la fois leur lin-
gère, leur couturière et leur modiste. Brevetée de S. M. la Fantaisie qui gouverne tout ce petit monde, c'est elle surtout qui possède l'art de con-
fectionner ces richesses charmantes dont se compose le trousseau d'une poupée, tels que bas à jour, chemises de batiste, pantoufles-tapisseries, crino-
lines, jupes à volants, robes, châles-cachemires, manteaux de velours, cha-
peaux à la mode, capelines-filets, sacs à ouvrage, etc. Vous trouverez même
chez elle des porte-monnaies, des livres de messe et jusqu'à des parapluies
pour vos poupées, car Mme Leroy a prévu le cas où surprises par le mauvais
temps dans une promenade, elles ne trouveraient pas de voitures. Ce n'est
pas tout, nous sommes dans la saison des bals et des soirées, et nous avons
vu chez Mme Leroy de bien jolis costumes pour poupées... Mais vous avez
hâte de visiter les magasins de Mme Simonne (passage Delorme). Voici, en
effet, un petit fourneau mécanique, une garde-robes en bois de rose, un petit
piano, des boutiques de confiserie et d'épicerie, des bercelonnettes, une petite bibliothèque, des armoires à glace, des volières, tous objets plus utiles
pour vos poupées, qu'un domino noir ou blanc. Cependant, il est bon de
joindre à l'utile l'agréable, et si elles ont été sages et qu'elles désirent aller
au bal, laissez-les faire, mes petites amies; une fois n'est pas coutume.
D'ailleurs, ce sont parfois de mauvaises têtes, et si vous leur refusiez ce petit
plaisir, elles pourraient bien le prendre sans vous. N'a-t-on pas, en effet, in-
venté la poupée qui marche seule! Tenez, la voilà qui se promène à travers
les galeries de Mme Simonne, poussée comme par une force invisible. Cette
poupée (1), déjà perfectionnée, sera le grand succès du Jour de l'An. —
Vienne un second Vaucanson et l'on verra passer dans les rues des poupées
vêtues, marchant et parlant comme tout le monde.

Juliette du Montel.

---

(1) Nous nous proposons d'en donner le dessin dans un de nos prochains numéros.

Explication du patron d'une robe de fantaisie soutachée pour une poupée de 45 centimètres de hauteur.

Nos jeunes élèves qui n'auraient pas de poupées n° 4 peuvent augmenter ou diminuer le patron que nous donnons, selon la grandeur de leur poupée. Il est même bien qu'elles s'habituent à faire sur nos patrons des robes plus petites ou plus grandes, pour qu'elles puissent elles-mêmes couper plus tard des patrons.

Robe de velours épinglé, gris cendré. — Jupe, 23 centimètres de hauteur, 1 mètre 10 centimètres de tour. (Voir notre n° 1 pour la coupe de la jupe.)

Placer un ruban bleu de 0^m06 centimètres de largeur à 0^m04 du bas de la jupe; — soutacher le ruban, ainsi que l'indique la planche; — soutacher les bords du ruban d'un petit liseré; — mettre un ruban formant nœud à la ceinture et descendant jusqu'au ruban du bas de la jupe; — soutacher cette ceinture.

Corsage.

Mettre quatre brandebourgs soutachés sur le devant du corsage; — une garniture en soie formant bretelles, partant de la taille et passant sur les épaules pour venir s'attacher sur le devant à la jupe; — soutacher les bretelles comme l'encadrement du ruban.

Manches bouffantes descendant jusqu'au coude, avec un poignet à revers soutaché comme les brandebourgs.

Chapeau canotier garni d'un chou en velours et d'une plume de même couleur que la robe.

Brodequins à boutons de même couleur que la robe.

COURS DE DESSIN.

PAYSAGE.

Leçon III. — *Causerie avec nos Élèves.*

1. En dessinant, il faut toujours, chères petites élèves, vous préoccuper surtout de *l'ensemble* du sujet que vous étudiez. Toutes les parties d'un dessin, d'un tableau (quel qu'en soit le genre) devant concourir à *l'effet général*, les

détails sont subordonnés à cet effet général; c'est une règle invariable que vous ne devrez jamais perdre de vue.

Les objets éloignés sont absolument privés de détails; dans les plans intermédiaires ces détails apparaissent en présentant une certaine indécision de lignes. Ce n'est que pour les objets les plus rapprochés qu'ils deviennent distincts. Une toiture d'ardoises, par exemple, vue de loin n'offrira qu'une teinte uniforme; en s'en rapprochant un peu on apercevra sur cette toiture quelques lignes légères et incertaines. Enfin, de très-près on distinguera les assises d'ardoises et leurs séparations.

EXPLICATION DE LA PLANCHE 3. — TAILLE ET MANIEMENT DU CRAYON.

2. Vous devrez tailler votre crayon d'une manière très-effilée; la pointe devra en être très-fine pour faire *l'ensemble* et *le trait* (fig. 1). Pour ombrer, vous ferez bien de tailler votre crayon en forme de lame de couteau (fig. 2). En l'appuyant sur le plat et en biais vous arriverez à produire des touches larges.

3. Les traits de votre *esquisse* ou *ébauche* (1) devront être fins et légers dans les parties éclairées et plus accentuées quand ils indiqueront les séparations d'ombre et de lumière.

4. L'ombre des objets éloignés devra être exprimée par un travail de crayon fin et serré, mais léger et moelleux (fig. 3). Le sens des traits de crayon n'est pas indifférent; ainsi, une surface horizontale, de l'eau tranquille, par exemple, sera ombrée horizontalement; une surface verticale comme un mur, une porte, etc., sera ombrée en traits verticaux. Cette règle a des exceptions, nous vous les indiquerons au fur et à mesure qu'elles se présenteront dans la suite de notre cours.

5. *Règle générale.* — Il faut toujours commencer un dessin par les objets les plus éloignés de l'œil.

6. A mesure qu'on se rapproche des premiers plans, il faut ombrer avec plus de fermeté et le travail du crayon doit varier selon la nature des objets qu'on cherche à représenter. Une muraille raboteuse s'exprimera par des traits de crayon irréguliers (fig. 4), présentant dans leur ensemble une certaine uniformité de *ton* (c'est le mot technique, il signifie *couleur*). Une surface unie demandera un travail analogue à celui des lointains, mais plus vigoureux, plus intense (fig. 5).

7. Les détails doivent être faits du premier coup avec finesse dans les lu-

---

(1) *L'esquisse* se distingue du *trait* en ce que celui-ci ne comporte que les lignes des masses principales, tandis que l'*esquisse* permet l'indication des détails les plus importants.

mières, avec énergie dans les ombres Pour arriver à cette franchise de touche qui donne tant de charme à un dessin, vous devrez copier le même modèle plusieurs fois. Il sera bon de le faire sur la plus grande échelle possible tout en observant les relations de grandeur que les objets qui le composent ont entre eux.

8. Le dessin de mémoire sera aussi un excellent moyen d'acquérir promptement de la hardiesse et de l'habileté ; nous nous en occuperons d'une manière spéciale quand vous serez plus avancées.

9. Tenez toujours bien droite la feuille de papier sur laquelle vous dessinez, afin de ne pas être trompées par votre coup d'œil. Pour appuyer votre main et essayer votre crayon, vous vous servirez d'une feuille de papier de moyenne force.

10. Les simples traits de crayon s'effacent avec de la gomme élastique ; les parties déjà ombrées qu'on veut corriger s'enlèvent ou s'atténuent au moyen de la mie de pain rassis.

11. La figure 6 de notre planche représente une église de campagne. Nous n'avons pas cru indispensable de vous en indiquer le *trait ;* nous vous laisserons aussi chercher la ligne d'horizon et les points de fuite, vous vous reporterez pour cela aux précédentes leçons.

Cam.

LA REINE DES BOIS

RONDE ENFANTINE

Paroles et musique de A. Quinchez.

Les demoiselles dansent en rond.

Jouons aux jeux innocents,
Dansons en rond sur l'herbette ;
De fleurs ornons notre tête,
Chantons la ronde des champs.

A la fin de ce couplet la reine nommée se détache des autres et se place isolément.

Mais il nous faut une reine
Qui dirigera nos jeux ;
Choisissons pour souveraine,
La plus sage de ces lieux.

Jouons etc.

Les demoiselles vont en avant et en arrière devant la Reine. Au refrain elles dansent en rond, la Reine doit se trouver au milieu.

Belle fille prenez place,
Reine, ici, nous vous nommons,
Aux ordres de votre grâce,
Ici, nous nous soumettons. *(Elles font la révérence).*

Jouons etc.

La Reine faisant un avant-deux.

Fière de votre suffrage,
Heureuse de votre choix,
Pour charmer notre jeune âge
J'ai petit jeu villageois.

Jouons etc.

La Reine un bouquet de fleurs à la main.

Voyez cette marguerite
Que j'agite dans ma main,
Accourez, je vous invite,
A la gagner en chemin.

Jouons etc.

De cette fleur sans égale,
Détachez un à la fois,
Chaque blanc petit pétale,
Pour être Reine des bois.

Jouons etc.

Les demoiselles dansent en rond sans se tenir et prenant un pétale en passant. Lorsqu'il ne reste que le cœur de la fleur, celle qui le prend chante le couplet suivant :

Effeuillons cette fleur tendre,
Ne lui laissons que le cœur,
Celle qui saura le prendre,
Aura la place d'honneur.

Jouons etc.

Assise sur la pelouse,
J'établis ici ma cour;
Qui donc en serait jalouse,
Quand chacune aura son tour?

Jouons etc.

Dig, din, don, la cloche sonne,
C'est l'heure du couvre-feu :
A demain, Reine mignonne,
Nous reprendrons notre jeu.

Jouons aux jeux innocents,
Dansons en rond sur l'herbette ;
De fleurs ornons notre tête,
Chantons la ronde des champs.

Les 4°, 5°, 6° et 7° couplets peuvent être recommencés, quand on veut continuer le jeu ; le dernier ne doit être dit qu'une fois pour terminer.

Le bureau de rédaction et d'abonnements : chez M. H. Duru, directeur, rue d'Enfer, 126.

Ecrire *franco* ; joindre un mandat à l'ordre de M. H. Duru, rue d'Enfer, 126, Paris.

On peut s'abonner chez M. Saussine (successeur de M. Duru), fabricant de jeux instructifs, où l'on pourra choisir la boîte donnée en prime. — rue du Cloître-Saint-Jacques, 10, près la rue Saint-Denis.

On s'abonne aussi à la *Mère de Famille*, rue Tronchet, 18.

On trouve à la *Mère de Famille* les étoffes, robes coupées et autres objets pour les Poupées.

Prix de l'Abonnement :

Paris : un an, **10** fr.; six mois, **6** fr.
Départements : un an, **13** fr.; six mois, **7** fr.
Étranger : un an, **15** fr.; six mois, **8** fr.

Le même journal une fois par mois, Paris, **5** fr.; départements, **7** fr.; étranger, **10** fr.

Le Directeur : H. DURU.

PARIS, — IMPRIMERIE ÉMILE VOITELAIN ET COMP., RUE JEAN-JACQUES-ROUSSEAU 15

N° 10 Prix : 50 c. 1er Janvier 1864

LA POUPÉE

RECUEIL DE TOUS LES TRAVAUX DES PETITES DEMOISELLES

JEUX, IMAGES, MUSIQUE, DESSIN ET LECTURES AMUSANTES

Paraissant le 1er et le 16 de chaque mois

Bureau de Rédaction et d'Abonnements chez M. H. Duru, rue d'Enfer, 126, Paris
Prix de l'Abonnement : Paris, un an 10 fr.; six mois 6 fr.
Départements, un an 13 fr.; six mois 7 fr. — Étranger, un an 15 fr.; six mois 8 fr.
On s'abonne aussi chez M. Saussine, rue du Cloître-St-Jacques, 10, près la rue St-Denis
à la Mère de Famille, rue Tronchet, 18.

PRIME. — On donne pour un abonnement d'un an une magnifique boîte, soit : mercerie ou tapisserie, jeux, loteries, toilette de la poupée, etc.
Le même journal, une fois par mois : Paris, 5 fr.; départements, 7 fr.; étranger, 10 fr.

A NOS JEUNES LECTRICES

Notre Journal compte à peine six mois d'existence, et, plus heureux que le petit poisson de la fable, le voilà déjà devenu grand. Appelé à prendre dans le Journalisme une place jusque-là inoccupée, ou plutôt inaperçue, il ne s'est adressé qu'à vous et à vos poupées; il s'est fait votre conseiller et l'interprète de vos jeux, de vos plaisirs et de vos travaux. Vous êtes venues à lui ; vous l'avez pris sous votre charmant patronage. Comment n'aurait-il pas prospéré? Ainsi l'adage a raison : « Les enfants portent bonheur. »

Comme noblesse, succès oblige. Plusieurs lacunes nous ont été signalées par des familles, nous tâcherons de les remplir. Nous ferons plus : aux améliorations successives qui ont déjà marqué les premiers pas de notre Journal, nous nous proposons d'en joindre d'autres. — Se rendre utile; instruire en amusant; venir en aide à la mère et à l'institutrice dans l'éducation des enfants; parler à leurs yeux par l'image, à leur esprit par des fables, des contes, des légendes, des historiettes ou des causeries, à leurs jeunes cœurs par de sages conseils ou de bons exemples; les initier, en un mot, à la science de la vie, à l'amour du travail et à la pratique des devoirs envers Dieu, la famille et la société, voilà comment nous comprenons la mission d'un Journal d'enfants. Cette mission, chères petites lectrices, votre poupée elle-même nous aidera à l'accomplir. Compagne de vos premiers ans, n'est-elle pas la confidente de vos pensées? C'est par elle que nous connaîtrons vos fantaisies et vos désirs, qui, dirigés vers le bien, ne porteront que de bons fruits; — mais prenez-y garde, car, sans que vous vous en doutiez, votre poupée vous observe, et si vous n'étiez pas sages, son petit doigt nous le dirait certainement. — Aujourd'hui, en effet, comme l'a écrit un moraliste, « la poupée n'est pas une chose ni un objet, c'est une personne; c'est l'enfant de l'enfant. Celui-ci lui prête l'imagination, la vie, le mouvement, l'action, la responsabilité; il la gouverne comme il est lui-même gouverné par ses parents; il la punit ou la récompense, l'embrasse, l'exile ou l'emprisonne, selon que la poupée a bien ou mal agi; il lui impose la discipline qu'il subit, il partage avec elle l'éducation qu'il reçoit. C'est la moitié de l'éducation de la petite fille que cette comédie charmante jouée par elle à son profit. »

Notre Journal ne sera donc pas seulement un Journal de modes ou d'images pour les petites filles; nous voulons qu'elles y trouvent tout ce qui peut les intéresser, exciter leur émulation, éveiller leur curiosité et servir à leur instruction. Ainsi, à partir du 15 janvier prochain, il prendra plus de développement; le texte, les gravures et les dessins seront augmentés. Plus varié dans sa rédaction, et, suivant le précepte du poëte,

Passant du grave au doux, du plaisant au sévère,

il publiera des proverbes, des légendes, des récits de voyages illustrés, des notions d'histoire et de géographie à votre portée, des causeries, des comédies enfantines, des rondes et des jeux nouveaux, des morceaux de musique, etc.; aux gravures ou dessins représentant soit une scène d'intérieur ou un paysage, soit un patron ou une poupée à la mode, il joindra de nouvelles illustrations, telles que reines et fées célèbres, costumes de petites filles et de poupées chez tous les peuples anciens et modernes, etc.

Outre divers articles instructifs ou amusants, un cours de dessin raisonné et méthodique, et des leçons pratiques de couture, de marque, de broderie et de tapisserie, chaque numéro contiendra : 1° une petite CHRONIQUE DU MONDE ENFANTIN (Babils et caquets; nouvelles et faits divers; matinées, soirées et bals d'enfants; revue des magasins de jouets et de modes pour poupées, etc.); — 2° une REVUE DES THÉATRES DE MARIONNETTES ET DES SPECTACLES DE PHYSIQUE ET DE MAGIE (Marionnettes lyriques , Séraphin , Robert - Houdin , Guignol , Robin, etc.).

Nous commencerons également, dans un de nos prochains numéros, la publication d'une œuvre que nous croyons des plus intéressantes pour nos petites abonnées : l'HISTOIRE DE LA VIE ET DE LA MORT D'UNE POUPÉE, avec des illustrations.

Tel est notre programme pour 1864.

Nous avons d'autres projets que le temps, nous l'espérons, nous permettra de réaliser; mais, dès à présent, nous pouvons faire part à nos jeunes lectrices de la création, par l'administration du Journal, d'une petite BIBLIOTHÈQUE DE LA POUPÉE. Cette bibliothèque, indispensable à une petite fille pour faire elle-même l'éducation de sa poupée en aidant à la sienne, se composera d'un choix varié de petits livres élémentaires, instructifs ou amusants, imprimés en gros caractères et sur beau papier, édition bijou, avec des gravures.

H. DURU.

LA BONNE PETITE MARIE

C'était le jour de l'an, Marie se réveilla gaîment. Sa première pensée fut pour sa bonne mère : elle voulut être la première à l'embrasser et à la surprendre agréablement. Elle s'habilla donc avec empressement et courut bien vite à la chambre de sa mère qu'elle savait être encore au lit. Mais à peine fut-elle arrivée à la porte, qu'elle s'arrêta, surprise d'entendre une personne qui parlait et qui sanglotait. Elle se décida cependant à entrer et vit auprès du lit de sa mère une malheureuse femme qui portait une jolie petite fille dans ses bras et qui racontait en pleurant qu'elle était la femme d'un ancien militaire tué sur le champ de bataille; qu'après avoir perdu son mari, elle s'était mise courageusement au travail et que ce travail lui avait suffi jusqu'ici pour vivre et pour élever son enfant. Cette pauvre femme ajouta : « Depuis quinze jours la personne qui m'occu-
« pait ayant été obligée de quitter la ville sans avoir réussi à me procurer
« du travail chez ses connaissances, je lutte depuis ce temps contre la misère
« la plus affreuse; toutes mes ressources sont épuisées. Enfin, je commence
« à perdre mes forces et mon courage! Je vous avoue même..., que je n'ai
« pas mangé depuis vingt-quatre heures! J'ai donné mon dernier morceau
« de pain à ma fille. » Elle prononça ces dernières paroles d'une voix qui dénotait chez elle un immense désespoir et un grand affaiblissement.

Marie était émue jusqu'aux larmes : lorsqu'elle comprit que la pauvre femme n'avait plus rien à dire, elle s'approcha de sa mère, et après l'avoir embrassée, lui parla ainsi :

— Je sais, bonne mère, que tous les ans vous m'emmenez dans les plus beaux magasins de jouets et que vous m'achetez pour mes étrennes de très-jolies choses, surtout de belles poupées. Eh bien! petite mère, si vous voulez me rendre bien heureuse, donnez à cette pauvre femme l'argent que vous destinez à l'achat de mes étrennes et prenez-la à votre service; elle remplacera votre bonne Gertrude que nous avons eu le malheur de perdre.

Pour moi, chère maman, j'aurai soin de sa fille, elle sera ma petite camarade. Je lui ferai des robes, puisque je sais déjà en faire pour mes poupées, et quand elle sera plus grande, je lui apprendrai à lire, à écrire et à coudre.

La mère de Marie, heureuse de voir que sa fille avait si bien profité des leçons d'humanité qu'elle lui avait données, lui accorda sa demande.

Ce fut là un heureux jour de l'an!

Chères petites amies, si, comme Marie, vous trouvez l'occasion d'inaugurer par une bonne action l'année dans laquelle nous allons entrer, tous les vœux que nous formons pour vous seront exhaussés, car les bonnes actions portent toujours bonheur.

ANNA G....

Explication du patron.

—

TABLIER.

Nous donnons la moitié du patron du tablier.

On posera le patron sur l'étoffe dans le sens de la lisière, après avoir ajusté le premier côté, on retournera le patron et on coupera le tablier.

Il faut remarquer que le devant du tablier est un peu moins long que le derrière.

On placera les poches comme l'indique le patron.

On montera le tablier en faisant des fronces sur une bande d'étoffe, que l'on pliera, haute de deux centimètres et large de vingt-deux centimètres formant la grosseur de la taille de la poupée.

Cette ceinture se fermera par une agrafe.

On placera les bretelles au-dessus des poches pour aller s'attacher derrière le tablier.

Mettre deux petites bandes d'étoffe semblables au tablier sur le devant du corsage et cousues aux bretelles.

Garnir les bretelles et les deux petites bandes d'une dentelle ou d'un feston.

Le tablier doit avoir la même garniture que les bretelles.

On fera trois petits plis au-dessus de l'ourlet.

TABLEAU EN PERLES

Autrefois ces ouvrages étaient très-recherchés, ils sont un peu négligés maintenant. Nous en donnerons quelques modèles, parce qu'ils se rattachent à la tapisserie, qu'ils sont d'un travail simple, et qu'ils peuvent servir d'intermédiaire entre la marque et la tapisserie.

Pour faire ce travail, il faut choisir un canevas très-serré, de la soie blanche torse bien fine et des aiguilles qui soient aussi d'une grande finesse. On place devant soi les petites boîtes qui contiennent les perles, ou on les met dans une boîte à compartiments.

On étudie le dessin, dont chaque carreau indique la place d'une perle; on varie les perles suivant l'exigence du dessin. Ces perles se placent à l'aide du *gros-point*, ou point de marque, que nous avons indiqué dans notre numéro 8. Lorsque ce travail est fait, on le blanchit par le frottement d'une éponge chargée d'eau tiède et savonneuse.

COURS DE DESSIN.

PAYSAGE.

Leçon IV. — *Étude de ruines.*

Celles d'entre vous, chères petites élèves, qui ont accompagné leurs parents dans leurs voyages, n'ont-elles pas remarqué ces châteaux démantelés audacieusement construits sur des crêtes de rochers, ces tours qui s'élèvent au milieu des forêts ou des vignes, soit sur le penchant des collines, soit à leur sommet, et qui, malgré leur vétusté, sont restées fières et imposantes?

A votre âge, on ne s'abandonne pas à la rêverie : tout est joie, tout est expansion en vous! Vos jeux, vos études, les tendres caresses de vos mères suffisent à votre bonheur ; le présent occupe seul votre imagination, vous êtes aussi peu soucieuses du passé que de l'avenir. Ce ne sera donc que lorsque vous avancerez dans la vie que vous comprendrez la poésie des *ruines* sous le rapport des vieux souvenirs qui s'y rattachent et des pensées qu'elles font naître, pensées souvent mélancoliques, car les ruines rappellent des splendeurs évanouies, des événements terribles, et montrent que les ouvrages de l'homme, s'ils ne sont l'objet de ses soins continuels, sont fatalement voués à la destruction.

Sans nous arrêter plus longtemps à ces graves réflexions, considérons les ruines sous le rapport du rôle qu'elles jouent dans le paysage dont elles sont, assurément, un des plus beaux ornements. Par la couleur que le temps leur a donnée, par leurs formes pittoresques, elles offrent un charme, un attrait auquel on ne saurait résister sans se montrer dépourvu de goût et d'intelligence. Les personnes les moins éclairées éprouvent elles-mêmes, en présence des ruines, des émotions qu'elles ne savent pas définir, mais qui n'en sont pas moins vives.

Ces vieux débris des temps passés deviennent encore plus séduisants si la végétation s'en empare (l'homme abandonnant son œuvre, la nature reprend ses droits). Les lignes sont alors merveilleusement interrompues par ces guirlandes capricieuses de plantes grimpantes qui, à l'automne, prennent des teintes d'une richesse inouïe. Le lierre, quand il tapisse tout un pan de muraille ou qu'il enveloppe une tour de son feuillage sombre, forme un heureux contraste avec les riantes couleurs des liserons, du chèvrefeuille et des vignes sauvages; des arbres s'élèvent au milieu des pierres, des orties ou des ronces; et lorsque vers le soir le soleil envoie sur ces vieilles murailles ainsi ornées un de ses rayons d'or, le tableau est complet, saisissant : il appelle le crayon et le pinceau.

Notre planche renferme deux sujets faciles. Nous espérons que ces deux petites études vous plairont et seront pour vous un bon exercice de crayon. Faites le trait et l'esquisse avec soin et légèreté; les dernières touches doivent être attaquées avec hardiesse et énergie.

Nos portefeuilles sont remplis de croquis et d'études; ce sont les souvenirs de nos voyages. Tous les motifs qui pourront figurer utilement dans ce cours vous sont destinés. Plus tard, nous vous donnerons des *ruines* d'un plus beau caractère, mais nous ne devons ni ne pouvons, quant à présent, nous écarter du plan méthodique que nous nous sommes tracé.

C_{AM}.

LE PETIT SINGE

(Suite)

Pendant trois mois, Alice continua à vendre des fraises; le produit de cette vente donna de l'aisance dans la chaumière et contribua au rétablissement de la mère.

Un jour, Alice partit comme d'habitude pour la forêt, espérant trouver la corbeille de fraises et son bon petit singe; mais, en arrivant, elle fut bien surprise de ne trouver qu'un joli petit garçon d'une dizaine d'années, qui la regarda en souriant et lui dit :

— Vous venez chercher votre petit singe, ma chère Alice; vous ne le verrez plus; son temps d'expiation est passé; vous ne verrez plus qu'un petit garçon qui n'oubliera jamais que, sans vous, il aurait été brûlé.

Alice ne comprenait rien aux paroles du jeune garçon. Celui-ci lui dit :

— C'est moi qui étais le petit singe; il y a un an, je demeurais avec mes parents, qui habitent un château près d'ici; j'étais alors menteur et gourmand. Les douces réprimandes de mes bons parents, les punitions les plus sévères, rien ne pouvait me corriger de ces deux vilains défauts. Ma marraine, qui est une fée puissante, me dit un jour que la première fois que je mentirais elle me changerait en singe, tel que vous m'avez vu. J'avais été condamné par ma marraine à passer une année sous cette vilaine forme; c'est aujourd'hui que mon temps expire. Je n'ai pas voulu aller dans ma famille sans vous remercier. Je vous quitte, et j'espère bientôt vous revoir avec mes parents; ils ne me refuseront pas le plaisir de vous avoir près de moi avec votre père et votre mère.

Deux jours après, Alice et ses parents étaient installés au château du petit garçon, qui n'oublia jamais la rude leçon de sa marraine.

COMTESSE CHALESKA.

LOUISE ET FÉLIX

Sur le penchant d'un coteau couvert d'une riche verdure, on voyait une petite chaumière dont les murs enduits d'une couche de chaux attestaient la propreté des personnes qui l'habitaient. Un cep de vigne tournait autour de la seule fenêtre qui donnait sur la route, et un joli petit jardin se trouvait derrière la maisonnette. Un peu à gauche on apercevait une étable où étaient renfermées quelques vaches et une chèvre.

Cette simple habitation était occupée par une bonne vieille qui avait long-temps vécu dans une certaine aisance, et que des malheurs avaient forcée à se retirer à la campagne et à travailler pour vivre.

Lorsque Mme Maurice, — c'était le nom de cette bonne vieille, — vint acheter cette maisonnette, elle fit planter elle-même le jardin, bâtir l'étable et acheta quelques vaches pour vendre leur lait à la ville voisine, et utiliser ainsi ce qui lui restait de son ancienne fortune. Pour les travaux les plus pénibles, elle se fit aider par une fille du village nommée Marianne, et elle ne s'occupa que d'apprêter son beurre, son fromage et de soigner son jardin.

Un jour que Mme Maurice était occupée à préparer le lait pour l'envoyer vendre par Marianne, elle vit s'arrêter devant sa porte une belle voiture ; une jeune dame accompagnée d'une petite fille et d'un petit garçon de six à sept ans en descendit et s'approcha de Mme Maurice. Après avoir fait l'éloge de son habitation, elle lui dit que devant faire un long voyaye elle venait, amenée par la bonne réputation dont elle jouissait dans le pays, la prier de vouloir bien se charger de ses deux enfants, et qu'elle pouvait fixer elle-même le prix de leur pension ainsi que celui des différentes leçons dont ils pourraient avoir besoin.

Cette proposition, dans la position où se trouvait Mme Maurice, lui fut agréable ; elle vit là une occasion de se rendre utile tout en augmentant ses ressources. Aussi accepta-t-elle sur le champ.

La dame parut contente, et après s'être reposée quelques instants elle paya à Mme Maurice une année d'avance ; ensuite elle embrassa ses enfants à plusieurs reprises en n'épargnant pas à Mme Maurice les recommandations. Cette scène fut touchante, nous n'essaierons pas de vous la décrire ; la plume est impuissante pour exprimer tout ce qu'il y a de déchirant dans les adieux d'une mère à ses enfants. Ceux-ci pleurèrent beaucoup en voyant partir leur mère, elle fut obligée de s'arracher à leurs étreintes. Enfin, elle monta en voiture et repartit en dissimulant les violentes émotions que son cœur éprouvait.

Mme de Valmore — ainsi se nommait la mère des deux enfants, — n'avait pas fixé le temps de son absence ; elle écrivait régulièrement à Mme Maurice et à ses deux enfants, auxquels elle recommandait d'être bien sages et de bien profiter des leçons que des professeurs de la ville venaient leur donner. Deux années s'écoulèrent ainsi, et toujours Mme de Valmore paraissait incertaine sur son retour. Mais tout à coup les lettres et l'argent cessèrent d'arriver. Grande fut alors la désolation dans la chaumière.

Pendant les premiers mois, Mme Maurice chercha à consoler Louise et Félix en leur disant que leur mère allait probablement arriver et que c'était là le motif de son silence. Mais bientôt il lui fut impossible de s'abuser ; les années s'écoulèrent sans apporter de nouvelles de Mme de Valmore.

Mme Maurice était trop humaine et connaissait trop bien le malheur pour abandonner les deux pauvres enfants qui lui avaient été confiés ; elle continua à leur donner les mêmes soins ; mais comme ses ressources commençaient à s'épuiser, elle se vit forcée de supprimer les leçons que Louise et Félix avaient eues jusqu'alors. Ces deux enfants, pleins de reconnaissance pour leur bienfaitrice, voulurent partager ses travaux et l'aider à leur tour. Louise apprit l'état de couturière et Félix aida Mme Maurice.

On vécut ainsi plusieurs années bien tristement. Les deux enfants ne pouvaient oublier leur mère, et Mme Maurice n'essaya plus de leur faire croire au retour prochain de celle qu'ils pleuraient chaque jour. L'âge et les chagrins avaient altéré la santé de Mme Maurice; elle ne tarda pas à tomber dangereusement malade. Les soins qu'elle reçut de Louise et de Félix contribuèrent à prolonger ses jours, mais cette digne femme perdit la vue. Ce fut alors que ces deux enfants se trouvèrent véritablement malheureux, mais ils rivalisèrent de courage et de dévouement pour soigner leur seconde mère. Il fallait les voir guider ses pas sur la route ou dans les sentiers de leur petit jardin et chercher à la distraire par des lectures intéressantes.

Mme Maurice mourut; les deux enfants pleurèrent longtemps sur le corps inanimé de leur bienfaitrice. Après lui avoir fait rendre les derniers devoirs, ils rentrèrent dans leur petite chaumière et se jetèrent dans les bras l'un de l'autre, en versant un torrent de larmes. Pendant longtemps leur douleur fut bien vive; mais le temps et la raison finirent par la calmer. Ils visitaient chaque jour la tombe de leur bienfaitrice et n'en partaient qu'après avoir adressé au ciel une prière pour qu'il permît à leur seconde mère de veiller toujours sur eux.

Louise avait toujours été d'une santé délicate; les soins et les veilles qu'avait occasionnés la maladie de Mme Maurice avait encore contribué à l'affaiblir. La douleur de sa perte l'acheva. Elle languit quelque temps et alla rejoindre sa bienfaitrice.

Ce nouveau malheur jeta Félix dans un profond désespoir; rien ne pouvait le distraire de sa douleur et bientôt il y eût succombé sans le souvenir de sa mère et l'espoir de la revoir un jour. Se voyant seul, il résolut de quitter un pays qui ne lui rappelait plus que des souvenirs amers. Il réunit le peu d'argent qu'il avait, laissa la chaumière sous la garde de Marianne et se rendit au Havre où il s'embarqua pour l'Amérique, pays de sa mère.

En arrivant à New-York, d'où elle lui avait écrit, il fut d'abord très-embarrassé; néanmoins il commença par se loger dans la première auberge qu'il rencontra. L'aubergiste, en regardant ses papiers et voyant son nom, lui demanda s'il était de la famille des de Valmore qui habitaient la ville depuis longtemps. Félix lui répondit qu'en effet sa mère portait ce nom et qu'il venait à sa recherche, n'en ayant pas reçu de nouvelles depuis plusieurs années. Son hôte lui donna le conseil de s'adresser à M. de Valmore, riche négociant de la ville, qui lui donnerait probablement tous les renseignements qu'il pourrait désirer.

Le lendemain Félix se présenta à l'hôtel de celui que son hôte lui avait indiqué. Il fut fort bien reçu par ce négociant, qui, d'abord frappé de la ressemblance de Félix avec la sœur qu'il pleurait, fut convaincu par les lettres que ce dernier lui montra qu'il avait devant les yeux le fils de son infortunée sœur.

M. de Valmore ne sut d'abord comment s'y prendre pour annoncer à Félix la fin malheureuse de sa mère; cependant il s'y décida, et lui apprit que le bâtiment sur lequel elle s'était embarquée pour retourner en France avait péri corps et biens, ce qu'on avait appris par le seul matelot qui avait pu être recueilli par un autre bâtiment; qu'il ignorait le lieu où habitaient les enfants de sa sœur; que ses recherches pour les découvrir avaient été infructueuses. Il ajouta, en le serrant dans ses bras, qu'il se trouvait heureux de l'avoir retrouvé et de pouvoir reporter sur lui toute l'affection qu'il portait à sa mère.

Dès ce moment, Félix fut installé dans la maison de son oncle, qui était seul. Il ne tarda pas à se mettre au courant des affaires, et déjà son oncle se reposait entièrement sur lui des soins de son commerce lorsque la mort vint le surprendre.

Félix subit cette nouvelle épreuve avec un grand courage; le riche héritage que lui laissa son oncle, qu'il aimait comme un père, ne put le consoler de cette perte cruelle. Comme rien ne l'attachait en Amérique, il voulut revenir en France et revoir le tombeau de sa sœur et de sa seconde mère.

Il réalisa toute sa fortune et s'embarqua. En arrivant en France, son premier soin fut de retourner à la chaumière où il retrouva Marianne qui le revit avec joie. Félix lui assura une existence heureuse et fit faire un mausolée où il réunit les cendres de sa sœur et de sa seconde mère. Il ne voulut pas abandonner sa chaumière qui devint son habitation, et résolut de se consacrer entièrement à la prospérité du village où il avait passé ses années d'enfance. Il est aujourd'hui agriculteur, et grâce à ses lumières et à sa fortune il s'est fait le bienfaiteur du pays.

Comtesse Chaleska.

CHRONIQUE DES ÉTRENNES

À l'heure qu'il est, le monde enfantin est en joie et en liesse. Après les étrennes de la Noël, celles du Jour de l'An. C'est ainsi que l'année finit et se renouvelle au profit des enfants. Pourtant, nous savons plus d'une petite fille dont les étrennes, la veille encore, couraient quelques dangers. Certains bulletins venus de la pension reprochaient à l'une sa paresse, à l'autre son peu d'obéissance, à d'autres enfin leur manque d'ordre ou de propreté. De là grand mécontentement chez les parents; mais quelques larmes de repentir, un compliment et une caresse à petit papa et à petite maman, la promesse d'avoir de meilleures notes à l'avenir, et la considération du Jour de l'An ont dissipé tous les nuages. Voilà pourquoi nous avons vu, ce jour là, tant de petites filles heureuses et tant de charmantes poupées.

Il y avait hier soirée d'enfants chez Mme la comtesse de V..., dans le faubourg Saint-Honoré. Comme on le pense bien, l'approche du Jour de l'An était le sujet de tous les babils. C'était à qui se flatterait d'avoir les plus belles étrennes.

— « Moi, disait une petite fille, papa m'a promis une jolie poupée *polonaise* que j'ai vue chez Giroux. »

— « Moi, disait une autre, j'aurai *Peau d'Ane* qui est chez Mme Vannier, et *Peau d'Ane* dans ses trois costumes. »

— « Moi, ajoutait une troisième, j'irai avec maman chez Mme Bordes pour avoir la poupée qui marche seule; puis chez Mme Breton; puis chez Mme Leroy; puis... »

— « C'est bien, Mesdemoiselles, interrompit la grave marquise de R..., présente à ce petit colloque; — mais il ne suffit pas de songer à la parure de vos poupées; il faut encore s'occuper de leur éducation. Or, dans tous les beaux rêves d'étrennes que vous faites, je ne vois pas figurer le moindre petit livre. Vous avez parlé de *Peau d'Ane*, je promets les *Contes de Perrault* à celle qui me dira d'où vient l'usage des étrennes. »

A ces mots, il se fit un grand silence dans le petit groupe. Chaque petite fille interrogeait sa voisine des yeux.

— « Je le sais, moi, dit Mlle Berthe de S..., chez qui le maintien modeste et la figure calme et réfléchie révélaient des qualités solides avant l'âge.

— « J'ai ouï dire à ma maîtresse, ajouta-t-elle, que cet usage est très-ancien et qu'il nous vient des Romains. — Au temps du roi *Tatius*, il y avait près de la ville de Rome un bois consacré à *Stré*...

— « A *Stré*..., » dirent les petites filles avec un certain mouvement de curiosité et d'impatience.

— « Allons, ajouta l'une d'elles, un peu piquée par la jalousie, voilà tout ce que tu en sais. Ce n'était pas la peine de te mettre en avant. »

— « Je le crois bien, répliqua Mlle Berthe, un nom latin. »

— « *Strenia*, » dit alors la marquise de R... en voyant l'embarras de la petite savante.

— « *Strenia*, déesse de la santé; c'est cela, reprit vivement la jeune Berthe. Or, dans ce bois consacré à la déesse Strenia, — d'où vient, m'a dit ma maîtresse, le mot *étrenne*, — le peuple, chaque année, allait cueillir la verveine, et comme cette plante a, dit-on, la vertu d'éloigner les mauvais sorts et de porter bonheur, il venait l'offrir au roi. Plus tard, cet usage s'étendit aux particuliers. Au premier jour de l'année, riches et pauvres s'adressaient des vœux et des présents. C'étaient d'abord des dattes, des figues, du miel, du vin, de l'huile, du pain, des oiseaux et des poissons; puis, on y joignit des monnaies d'airain, d'argent et d'or; des bijoux, de la vaisselle, des lampes, des vases de terre, des tablettes. »

— « Il n'y avait donc pas encore de poupées ? » observa une petite fille.

— « Non, mademoiselle, répondit Berthe ; et je vous dirai une autre fois leur histoire, car ma maîtresse m'a promis de me la conter. Pour en revenir au jour de l'an, c'était la fête des fêtes : tout le monde y prenait part. On parait les dieux du foyer ; on consultait les devins et les augures. Partout des jeux et des festins. Il y avait, devant toutes les portes des maisons, des tables chargées de mets au service de tous les passants. — Notez, mesdemoiselles, que ces fêtes duraient cinq jours. »

— « Cinq jours ! s'écrièrent les petites filles. Pourquoi n'est-ce plus comme cela à présent ? — Oui, pourquoi n'y a-t-il pas cinq Jours de l'An ? »

A un signe de tête que fit Berthe, toutes comprirent qu'elle n'en savait pas plus qu'elles sur cette question. Quant à la marquise, charmée de lui voir tant d'esprit, elle l'embrassa, lui fit compliment et la présenta à toute la compagnie comme une petite merveille.

Le lendemain Mlle Berthe de S... comptait parmi ses étrennes un magnifique exemplaire des *Contes ds Perrault*, illustré par Gustave Doré et relié aux armes de la marquise.

JULIETTE DU MONTEL.

Le bureau de rédaction et d'abonnements : chez M. H. Duru, directeur, rue d'Enfer, 126.

Écrire *franco* ; joindre un mandat à l'ordre de M. H. Duru, rue d'Enfer, 126, Paris.

On peut s'abonner chez M. SAUSSINE (successeur de M. Duru), fabricant de jeux instructifs, où l'on pourra choisir la boîte donnée en prime, — rue du Cloître-Saint-Jacques, 10, près la rue Saint-Denis.

On s'abonne aussi à la *Mère de Famille*, rue TRONCHEET, 18.

On trouve à la *Mère de Famille* les étoffes, robes coupées et autres objets pour les Poupées.

Prix de l'Abonnement :

Paris : un an, **10** fr.; six mois, **6** fr.
Départements : un an, **13** fr.; six mois, **7** fr.
Étranger : un an, **15** fr.; six mois, **8** fr.

Le même journal une fois par mois, Paris, 5 fr.; départements, 7 fr.; étranger, 10 fr.

Le Directeur : **H. DURU.**

N° 11   Prix : 50 c.   16 Janvier 1864

LA POUPÉE

RECUEIL DE TOUS LES TRAVAUX DES PETITES DEMOISELLES

JEUX, IMAGES, MUSIQUE, DESSIN ET LECTURES AMUSANTES

Paraissant le 1ᵉʳ et le 16 de chaque mois

Bureau de Rédaction et d'Abonnements chez M. H. DURU, rue d'Enfer, 126, Paris
Prix de l'Abonnement : PARIS, un an 10 fr.; six mois 6 fr.
DÉPARTEMENTS, un an 13 fr.; six mois 7 fr. — ÉTRANGER, un an 15 fr.; six mois 8 fr.
On s'abonne aussi chez M. SAUSSINE, rue du Cloître-St-Jacques, 10, près la rue St-Denis.
à la *Mère de Famille*, rue Tronchet, 18.

PRIME. — On donne pour un abonnement d'un an une magnifique boîte, soit : mercerie ou tapisserie, jeux, loteries, toilette de la poupée, etc.
Le même journal, une fois par mois : Paris, 5 fr.; départements, 7 fr.; étranger, 10 fr.

LE MANGEUR DE FRUITS

Il y avait en Chine un jardinier qui cultivait un grand jardin fruitier qui appartenait à un riche mandarin. Ce jardinier avait un fils qui était très-gourmand. Il aimait particulièrement les fruits. Aussi, chaque année, ce petit mauvais sujet mangeait-il une grande partie de la récolte du jardin que son père cultivait.

Ce pauvre homme avait beau lui adresser des reproches, le renfermer et le battre même, rien ne pouvait le corriger.

Le mandarin, qui s'apercevait que sa récolte aurait dû être plus considérable, en faisait des reproches à son jardinier; mais, comme il le savait honnête homme, il le gardait toujours.

Le pauvre homme disait souvent à son fils : « Ta gourmandise me fera chasser ; quelque jour tu seras cause que nous mourrons de faim. » Rien n'y faisait, et le petit gourmand continuait à manger les fruits.

Une année que les fruits étaient peu abondants, ce méchant enfant eut la mauvaise pensée d'aller chercher des camarades et de dévaliser pendant une nuit tout le verger de son père.

Le malheureux jardinier, en voyant ce désastre, fut au désespoir ; il se prit à pleurer et comprit que son maître ne le garderait pas plus longtemps. Fou de désespoir, il sortit de la maison et s'enfonça dans une forêt voisine ; là il s'assit au pied d'un arbre et se mit à gémir sur son malheureux enfant, qui allait lui faire perdre sa place.

Il y avait une heure, à peu près, qu'il était ainsi à gémir, lorsqu'il vit tout à coup un petit homme, haut comme la main, qui lui dit :

— Brave homme, qu'as-tu ainsi à gémir ?

Le jardinier, très-surpris et effrayé de cette apparition, regarda longtemps cet être étrange.

Enfin, un peu rassuré par la figure douce de ce petit homme, il lui raconta son malheur.

Le petit homme lui dit :

— Console-toi ; je puis réparer le mal que t'a fait ton fils, mais à une condition : c'est que ton fils portera le restant de ses jours une pomme au bout du nez.

Le bonhomme, après avoir réfléchi longtemps, se décida à accepter cette bizarre condition. Il se dit que son fils, ayant toujours sous les yeux le fruit qui l'avait perdu, pourrait se corriger plus-vite.

Alors le petit homme dit au jardinier de le suivre. Il fit quelques pas. Arrivé près d'un gros arbre, il le toucha du doigt. Au même instant l'arbre disparut ; à la place se trouva un escalier magnifique qui le conduisit à un verger rempli de superbes arbres fruitiers.

Lorsqu'ils furent arrivés, le petit homme dit au jardinier :

— Tu pourras venir tous les jours prendre ce que tu voudras de ces fruits.

Grande fut la joie du bonhomme en voyant d'aussi beaux fruits à sa disposition. Il remercia le petit homme, remplit deux grands paniers de ces fruits merveilleux et les porta chez son maître.

A peine le marché avait-il été conclu, que le petit garçon du jardinier vit pousser une pomme au bout de son nez. Il voulut la prendre pour la croquer ; mais, à l'instant où il y portait la main, la pomme s'entr'ouvrit et lui pinça fortement les doigts.

Le petit gourmand essaya à plusieurs reprises de prendre la pomme, mais chaque fois le même supplice recommençait. Le malheureux, vaincu par la douleur, renonça à la prendre.

Il fut obligé de la porter au bout de son nez, comme l'avait dit le petit homme, le restant de ses jours.

Comtesse Chaleska.

LE VIEUX CHARLOT

Pierre était un petit garçon de dix à douze ans, fort, robuste, comme cela se voit à la campagne ; il avait de bonnes grosses joues rouges comme des pommes d'api, les yeux bruns, le nez relevé, la démarche alerte, et bien qu'il fût mal vêtu, son aspect n'était pas désagréable, à cause de l'air joyeux qui régnait dans toute sa petite personne. Un matin, en courant dans les prés avec ses frères, il rencontra le fils d'un riche propriétaire du voisinage ; ce pauvre petit était tombé dans un fossé et poussait des cris lamentables arrachés par la douleur. Pierre sentit son cœur ému ; il ne fit pas comme tant d'autres enfants qui, parce que le sort les a fait naître pauvres, portent envie à ceux que la fortune a placés dans une position plus élevée ; il lui tendit la main, l'aida à monter sur son dos, le reporta chez ses parents et s'en fût chez lui, sans vouloir accepter la récompense qu'on lui offrait.

La demeure de Pierre était une maisonnette, couverte en chaume, et située au bord de la grande route, à l'ombre de quelques chétifs tilleuls. Elle n'était ni belle, ni riche, ni élégante, mais on y était à l'abri du froid et de la pluie. Le père et la mère du petit Pierre cultivaient un jardin, dont ils vendaient le produit à la ville prochaine. Cette pauvre famille avait, pour porter les légumes au marché, un vieux cheval roux, aux larges sabots, aux jambes très peu fines, mais en revanche abondamment velues, sa queue était légèrement écourtée, ses oreilles basses, sa crinière mêlée et ses yeux petits. En somme, Charlot, c'était son nom, n'était pas beau, mais c'était bien la meilleure bête qui eût jamais porté des choux et des navets au marché, le plus patient du monde, ne gardant jamais rancune pour un coup de fouet et qui se serait fait un remords de lancer une ruade même à un loup.

Cependant les années s'écoulaient et le poil jadis roux du respectable Charlot commençait à blanchir en certains endroits ; son pas, autrefois leste et gaillard, s'alourdissait terriblement ; à peine s'il y voyait encore d'un œil, et il ne pouvait plus sortir de l'écurie que pour aller paître tout doucement dans un champ voisin. Malgré son inutilité, les parents de Pierre n'avaient pas voulu vendre Charlot, qui était un vieux serviteur, le seul de la maison ; que dis-je ? Charlot était plus qu'un serviteur, c'était un véritable ami ; il avait vu naître la petite famille et avait contribué à la nourrir par son travail ; c'est pourquoi le bonhomme de la maisonnette avait dit : Charlot mourra tranquillement à l'écurie de sa belle mort, et jamais autrement.

Néanmoins, peu de temps après l'incident qui commence notre historiette, il y eut une sécheresse terrible, les légumes ne poussaient pas, le germe des fruits mourut avec la fleur. Tout le monde jeûna dans la maisonnette, Charlot tout aussi bien que les autres. Enfin la misère devint si horrible, qu'un jour de désespoir, n'ayant plus une miette de pain à donner à ses enfants, le père appela un charretier qui passait et lui vendit Charlot moyennant quinze francs.

Le charretier prit rudement par la bride le pauvre Charlot, qui tourna sa bonne tête, comme pour dire adieu à la femme et aux enfants qui sanglotaient à la porte de la maisonnette. Tous cherchaient à concentrer leur douleur, la nécessité parlait ; mais lorsqu'on vit Charlot s'en aller clopin clopant jusqu'à la charrette, pour être attelé avec les autres chevaux, lorsqu'on entendit le fouet cruel du charretier tomber lourdement sur les vieux os du pauvre Charlot, il y eut une explosion de douleur, et tous les enfants se prirent à crier :

— N't'en vas pas, Charlot !... où vas-tu ? n't'en vas pas, Charlot !...

Afin de n'en pas voir davantage, on rentra dans la chaumière en pleurant. On n'avait pas faim et personne ne put manger du pain provenant de la vente du pauvre Charlot. Ils étaient tous mornes et silencieux..,

Tout à coup le petit Pierre s'écria :

— Papa, j'ai entendu Charlot hennir ! je l'ai entendu !

— Tu te trompes, mon enfant, il est déjà bien loin le pauvre animal !

— Non, vraiment.... entends-tu ? écoute !

On se précipita dans l'écurie : Charlot se trouvait à sa place accoutumée ; seulement il avait au cou un ruban de soie rose, au bout duquel était attachée une petite bourse qui contenait plusieurs pièces d'or et le billet suivant :

« Je n'ai pas oublié le jour où Pierre m'a rapporté sur son dos jusque chez « mes parents. »

Comtesse Chaleska.

COURS DE DESSIN.

PAYSAGE.

Leçon V. — *Notions élémentaires sur les ombres.*

1. Un corps opaque n'étant éclairé que d'un côté, l'espace privé de lumière s'appelle *ombre*.

2. La *pénombre* est une sorte de demi-ombre qui résulte du mélange de la lumière avec l'ombre proprement dite : c'est l'endroit où celle-ci se termine et où l'autre commence. Nous reviendrons plus tard sur cette définition en parlant des corps ronds.

3. On entend par *reflet* la lumière renvoyée sur la partie ombrée d'un corps, soit par un autre corps éclairé qui est rapproché du premier, soit par l'air environnant, soit par le terrain.

4. Ce qu'on appelle *contre-ombre* est une partie ombrée où il y a absence de reflets, elle se produit en sens inverse des ombres proprement dites.

5. Les rayons d'une lumière artificielle convergent tous vers le *foyer* de cette lumière. Quand il s'agit de la lumière solaire, on en considère tous les rayons *parallèles* entre eux, en raison de la grande distance de leur foyer à la terre (1). Retenez bien ce principe, il vous sera utile dans la suite de ce cours.

6. L'ombre produite sur une surface quelconque par l'interposition d'un corps opaque entre le foyer de lumière et cette surface s'appelle *ombre portée* ou *projetée.* (La première dénomination est la plus usitée.) La configuration d'une ombre portée dépend de la forme de la surface qui la reçoit, de celle du corps opaque interposé et de la position de ce dernier par rapport au foyer lumineux.

Les ombres portées sur une surface plane indiquent généralement la forme des corps qui les produisent.

Les ombres portées dessinent aussi la forme des surfaces sur lesquelles elles se manifestent ; si les ombres portées s'étendent sur plusieurs surfaces, elles suivent les différents mouvements de ces surfaces.

---

(1) Deux ou plusieurs lignes sont dites *parallèles* entre elles, quand, étant situées dans le même plan, elles peuvent être prolongées indéfiniment sans jamais se rencontrer. Cette définition avait été omise dans notre première leçon.

7. Le plan du tableau (n° 5, définition 15) étant toujours placé devant les yeux du spectateur, le foyer de lumière peut être :

1° En avant du plan du tableau ;

2° Dans le plan du tableau ;

3° En arrière du plan du tableau.

Nous étudierons successivement ces différents cas.

EXPLICATION DE LA PLANCHE 5.

La fig. 1 de la planche 5 représente une pompe en bois et une auge en pierre. A la pompe est fixé un conduit creusé en forme de tuile et incliné.

L'INTENSITÉ DES OMBRES DÉPEND DES VALEURS DE TON.

8. L'ombre portée est plus forte que l'ombre proprement dite quand la surface qui reçoit cette ombre portée a la même *valeur de ton* ou une valeur moindre que le corps qui la produit (1). Exemple : l'ombre portée du conduit de la pompe sur le corps de cette pompe ; l'ombre portée de l'auge en pierre sur le terrain (fig. 1).

9. Si la surface du corps qui produit l'ombre portée a une plus grande valeur de ton que celle qui la reçoit, cette ombre portée est moins forte que l'ombre ordinaire. Exemple : l'ombre portée d'un contrevent en bois sur un mur blanc (fig. 2).

REFLETS DU CIEL.

10. La figure 3 offre un exemple de *contre-ombre;* cette contre-ombre existe sur les faces verticales des marches de l'escalier. Le dessus des marches recevant le *reflet* du ciel comporte une ombre plus transparente.

Nous donnerons dans une de nos prochaines leçons d'autres exemples d'ombres portées et de reflets.

N. B. — Nous engageons nos petites élèves à revoir avec attention les premières planches de notre cours de dessin et à chercher à faire la distinction des différentes sortes d'ombres dont nous venons de *leur donner la définition.*

CAN.

---

(1) La *valeur* d'un *ton* n'est autre que son degré de force par rapport à un autre ton. Ainsi, le *blanc* a moins de valeur que le *jaune*, le jaune moins de valeur que le *rouge*; le rouge moins de valeur que le *noir*, etc.

CONSEILS POUR BIEN BRODER,

Prendre peu d'étoffe avec le tracé. Quand on brode de la mousseline claire, il est bien d'empeser légèrement la partie à broder, afin d'aller plus vite et de ne pas érailler l'étoffe.

Le col et manchettes que nous donnons est d'un dessin très-simple; il se compose d'un feston et d'une petite fleur. Le feston, vous l'avez fait dans le n° 6 pour la fleur; elle doit être bourrée et brodée dessus; c'est-à-dire que vous passez plusieurs fois votre coton en hauteur sur le dessin de manière à le couvrir, vous recouvrez en coton en commençant par le bas du dessin et dans sa largeur en faisant vos points bien réguliers de manière que les cotons se touchent en suivant exactement les lignes du dessin.

POUPÉE.

Nous vous donnons aujourd'hui le costume d'une paysanne de l'Aunis.

Ce pays est renommé par ses marais salans et la pêche des huîtres. Il était du temps de César occupé par une partie des *Santons*, et soumis plus tard aux Visigoths. Ce n'est qu'en 507 que les Francs s'en emparèrent. L'Aunis a fait partie de la Saintonge et du Poitou jusqu'en 1271, époque à laquelle il compta parmi les provinces de France, Les principales villes de cette province, qui forme aujourd'hui une partie du département de la Charente-Infé-rieure, sont La Rochelle et Rochefort. La première, célèbre dans l'histoire, résista à vingt-neuf assauts et à toutes les horreurs de la famine; elle soutint sous Louis XIII un siége mémorable. Rochefort, situé sur la Charente, à trois lieues de son embouchure, est une ville nouvelle, qui date de 1664. Elle est remarquable par son arsenal maritime, le quatrième de France comme importance. C'est dans la rade de l'île d'Aix, à l'embouchure de la Charente, que Napoléon le Grand s'est embarqué sur le vaisseau anglais le *Bellérophon*, qui l'a conduit à Sainte-Hélène. L'île d'Oleron et l'île de Ré, qui font partie de cette province, sont remarquables par leur fertilité et par l'in-dustrie de la pêche.

Nous donnerons successivement les costumes des différentes provinces de France et plus tard ceux des pays étrangers. Nous en formerons une col-lection instructive et d'autant plus intéressante que ces costumes si variés et si pittoresques tendent à disparaître de plus en plus pour faire place aux modes parisiennes qui se propagent jusques dans les localités les plus reculées.

Les Pyrénées, la Normandie, la Bresse, l'Alsace, la Bretagne nous fournirons des coiffures et des costumes qui feront une heureuse diversion avec ceux des poupées parisiennes.

PATRONS.

Coiffure. — Le capot est en grosse futaine montée sur carton et brodé.

Fond de la coiffe en mousseline brodée avec onze plis de chaque côté et onze derrière ; prendre la coulisse dans l'étoffe du fond comme l'indique le patron.

La passe est garnie de dentelle cousue, celle du dedans est attachée avec des épingles. Toute la coiffure, excepté la dentelle que j'indique, est attachée avec des épingles.

Les côtés doivent avoir 18 plis.

N° 1 : patron de la dentelle pour mettre sur la coiffe ; elle est repliée aux deux extrémités et elle a une pince au milieu.

Mouchoir en soie avec frange, — faire trois plis dans le haut du mouchoir.

Au point de jonction des deux oreilles, derrière la coiffe, se trouve un ruban de six centimètres de large formant une rosette, les deux extrémités du ruban flottent. — Le chignon de la poupée doit paraître au-dessous de la coiffe.

ROBE.

Robe ordinaire montante, garnie autour du cou d'une petite dentelle. Le mouchoir laisse voir le devant de la robe.

N° 1, devant du corsage ; — n° 2, dos. — Voir le n° 1 de notre journal pour la coupe de ce corsage.

Manches. — Le bas de la manche doit être froncé, trois plis plats, poignet pareil, haut de la manche froncé à plis plats.

Hauteur de la jupe suivant la grandeur de la poupée. Voir le n° 1 pour la coupe de la jupe.

Tablier sans pièce ou avec pièce étroite et pas trop montante attachée par deux épingles.

Les souliers sont découverts et garnis d'une boucle acier, cuivre doré de forme ovale. Cette boucle retient une rosette.

Jupons blancs, pas de crinoline.

Le chignon s'attache avec un galon. Quelquefois on met un serre-tête sous le capot; lorsqu'on n'en met pas les cheveux s'attachent avec un ruban.

Fany de Blois.

AMUSEMENTS DES HOMMES ET DES FEMMES CÉLÈBRES

Nous pensons que nos jeunes lectrices accueilleront avec plaisir les renseignements historiques que nous leur donnons sur les amusements des femmes célèbres et des grands hommes; elles verront que plusieurs se livraient à des jeux et à des distractions souvent bizarres, mais qu'ils ne les employaient qu'après un long travail et comme un repos nécessaire à leur esprit.

Le grand Condé aimait à cultiver les fleurs dans les magnifiques jardins de Chantilly.

Montaigne disait : *Il faut à chacun son amusoir*. Et, docile à son précepte, il jouait avec son chat quand il cessait d'écrire.

Le merveilleux travail de la reine Mathilde trouve ici sa place. Cette reine, dans ses heures de loisir, fit cette tapisserie appelée *tapisserie de la reine Mathilde*, qui est une véritable merveille ; elle fut exposée à Paris en 1804, et reportée dans la cathédrale de Bayeux, en Normandie, où elle était conservée depuis sept cents ans. Cette tapisserie a *deux cent dix pieds de long sur dix-neuf pouces de large* et contient *douze cent cinquante-cinq* figures d'hommes ou d'animaux.

Catinat, célèbre général français, après avoir gagné une bataille, allait se reposer en jouant aux quilles.

Le célèbre poëte Boileau aimait aussi à jouer aux quilles.

Charles VI, roi de France, en 1380, jouait aux cartes. On prétend que ce fut pour le distraire qu'elles furent inventées.

Voltaire tricota des bas pour l'impératrice de Russie, Catherine la Grande.

Catherine, impératrice de Russie, s'amusait à tourner l'ivoire. — Elle fit cadeau à Voltaire d'une tabatière qu'elle avait faite elle-même.

J.-J. Rousseau faisait des lacets.

Gustave-Adolphe, roi de Suède, jouait à Colin-Maillard avec ses officiers.

Marc-Antoine, étant en Égypte, passait une partie de ses journées à la pêche.

Louis XVI, roi de France, en 1774, faisait des serrures et était très-habile ouvrier.

Charles IX, roi de France, en 1560, forgeait des armures.

La reine Christine de Suède jouait au volant.

Charles-Quint, roi d'Espagne, s'occupait d'horlogerie.

Louis XV, roi de France, en 1715, était très-habile à tourner; il aimait aussi faire son café.

Le cardinal Duperron s'amusait à sauter dans son jardin de Bagnolet; il lui arriva de sauter l'étendue de 22 semelles.

Louis XIII, roi de France, en 1610, faisait des confitures,

Le sultan Abdul-Medjid, empereur des Turcs, élevait des poulets.

Cincinnatus, célèbre Romain, aimait à cultiver son patrimoine.

Quand le cardinal de Richelieu était bien las du travail de cabinet, il appelait un de ses domestiques et descendait avec lui dans son jardin; là, maître et valet s'amusaient à sauter par-dessus un petit mur.

Vitellius, empereur romain, lavait sa vaisselle.

Trajan,   —   mettait son vin en bouteilles.

Constantin,   —   taillait ses sandales.

Un roi d'Espagne faisait de la cire à cacheter.

Denys le Tyran jouait à la balle.

Henri III, roi de France, en 1574, jouait au bilboquet.

Napoléon le Grand, qui, dans sa jeunesse, aimait déjà tout ce qui pouvait lui rappeler l'image des batailles, livrait au lycée de Brienne, avec ses jeunes camarades, des combats avec des boules de neige.

Adolphe Lormann.

HISTOIRE DE LA BONNE PETITE SŒUR

—

La petite Françoise perdit son père et sa mère à l'âge de douze ans; elle resta avec son frère, qui n'en avait que quatre.

Après avoir beaucoup pleuré ses parents, Françoise se rappela que sa mère lui avait recommandé, avant de mourir, de prier Dieu souvent, d'aimer le travail et d'avoir bien soin de son petit frère. C'était une consolation pour cette pauvre petite d'obéir aux dernières recommandations de sa mère. Aussi, tous les jours elle se levait de bonne heure, priait Dieu de lui accorder une pensée heureuse; faisait son ménage; allait traire sa vache et donnait à manger à ses poules. Ce travail fait, elle levait son petit frère et lui donnait à déjeuner. Elle le conduisait ensuite chez une voisine, et allait vendre son lait, son beurre et ses œufs à la ville.

Derrière la chaumière, Françoise avait un joli jardin; comme elle n'était pas assez forte pour le cultiver, tous ses voisins, qui l'aimaient beaucoup, venaient deux fois par semaine y travailler. Aussi, tous les ans, Françoise avait une belle récolte de fruits et de légumes qu'elle allait vendre à la ville.

Un jour que Françoise était allée dans les champs chercher de l'herbe pour sa vache, elle entendit des cris plaintifs; elle chercha d'où ils provenaient et vit à quelques pas d'elle, dans un grand fossé, une jolie petite fille qui, en poursuivant un papillon, s'était laissé tomber dans ce fossé et s'était foulé le pied.

Françoise alla chercher sa brouette, la remplit de foin, mit bien doucement la petite fille dedans et la conduisit chez ses parents.

Cette petite fille, nommée Eugénie, fut tellement reconnaissante du service que Françoise lui avait rendu, qu'elle obtint de son père qu'elle quitterait sa chaumière et qu'elle viendrait avec son petit frère habiter avec elle.

Depuis ce jour, Françoise est installée dans la maison des parents de sa petite bienfaitrice, qui l'aiment comme leur fille.

FRANCINE D'OLORON.

A nos abonnés.

En créant notre journal, nous ne nous sommes pas fait illusion sur les difficultés d'une semblable tâche et nous avons envisagé, dès le début, l'importance de notre mission ; mais quelques soins que nous prenions pour bien faire, quelque conscience que nous mettions dans l'accomplissement de ce que nous appelons notre devoir, il pourra nous arriver quelquefois de nous tromper. C'est pour cela que nous croyons agir dans l'intérêt de nos jeunes lectrices, en faisant dès aujourd'hui un appel des plus sincères à leurs parents, pour qu'ils veuillent bien nous venir en aide toutes les fois qu'ils le jugeront à propos, par leurs observations, leurs conseils, leurs critiques même, toutes choses que nous accueillerons avec empressement, voire même avec reconnaissance.

Si nous tenons tant à perfectionner notre œuvre, c'est avant tout pour qu'elle devienne de plus en plus utile aux familles. Cet échange d'idées éclairera notre route et contribuera à nous faire arriver plus promptement au but que nous poursuivons avec la plus inébranlable conviction.

C'est vous, d'abord, chères petites lectrices, que nous prions de communiquer à vos mères, toutes vos impressions, quelles qu'elles soient, sur notre journal. Ce sera sur vos observations qu'elles régleront les leurs.

Nous avons le ferme espoir que notre appel sera entendu, et que bientôt s'établira entre nos abonnés et nous une communication dont les bons résultats ne se feront pas longtemps attendre.

H. DURU.

Le bureau de rédaction et d'abonnements : chez M. H. Duru, directeur, rue d'Enfer, 126.

Ecrire *franco* ; joindre un mandat à l'ordre de M. H. Duru, rue d'Enfer, 126, Paris.

On peut s'abonner chez M. SAUSSINE (successeur de M. Duru), fabricant de jeux instructifs, où l'on pourra choisir la boîte donnée en prime, — rue du Cloître-Saint-Jacques, 10, près la rue Saint-Denis.

On s'abonne aussi à la *Mère de Famille*, rue TRONCHEET, 18.

On trouve à la *Mère de Famille* les étoffes, robes coupées et autres objets pour les Poupées.

Prix de l'Abonnement :

Paris : un an, **10** fr.; six mois, **6** fr.
Départements : un an, **13** fr.; six mois, **7** fr.
Étranger : un an, **15** fr.; six mois, **8** fr.

Le même journal une fois par mois, Paris, 5 fr.; départements, 7 fr.; étranger, 10 fr.

Le Directeur : *H. DURU.*

PARIS. — IMPRIMERIE ÉMILE VOITELAIN ET COMP., RUE JEAN-JACQUES-ROUSSEAU 15.

LA POUPÉE

RECUEIL DE TOUS LES TRAVAUX DES PETITES DEMOISELLES

JEUX, IMAGES, MUSIQUE, DESSIN ET LECTURES AMUSANTES

Paraissant le 1ᵉʳ et le 16 de chaque mois

N° 12   Prix : 50 c.   1ᵉʳ Février 1864

Bureau de Rédaction et d'Abonnements chez M. H. DURU, rue d'Enfer, 126, Paris
Prix de l'Abonnement : PARIS, un an 10 fr.; six mois 6 fr.
DÉPARTEMENTS, un an 13 fr.; six mois 7 fr. — ÉTRANGER, un an 15 fr.; six mois 8 fr.
On s'abonne aussi chez M. SAUSSINE, rue du Cloître-St-Jacques, 10, près la rue St-Denis.
à la Mère de Famille, rue Tronchet, 18.

PRIME. — On donne pour un abonnement d'un an une magnifique boîte, soit : mercerie ou
tapisserie, jeux, loteries, toilette de la poupée, etc.
Le même journal, une fois par mois : Paris, 5 fr.; départements, 7 fr.; étranger, 10 fr.

LE GÉANT CARADABROS

—

CONTE FANTASTIQUE.

I

Un jour, le bûcheron Benoist était allé à la forêt pour abattre des arbres et
fendre des bûches. Sur le soir, son travail fini, il se préparait à retourner au
logis, quand il entendit un grand bruit dans les broussailles ; il se retourna
et vit sortir d'un massif de genévriers une charmante petite biche qui se
rapprocha de lui ; elle paraissait blessée, et ses yeux humides de larmes semblaient implorer la pitié.

Derrière elle parut aussitôt un grand loup blanc dont les yeux injectés de
sang produisirent, par l'éclat sinistre et effrayant qu'ils jetèrent dans la
demi-obscurité du bois, l'effet de deux charbons incandescents.

Benoist, voyant ce terrible animal prêt à s'élancer sur la pauvre biche,
saisit rapidement sa hache et se précipita sur lui.

Le loup blanc, après avoir fait entendre un grognement sourd, se retourna et disparut à travers les fourrés.

Benoist s'approcha alors de la petite biche, la caressa et pansa sa patte, qui était déchirée et ensanglantée :

« Vas-t'en, gentille petite biche, dit-il ensuite ; vas, et que Dieu te garde du *Loup blanc.* »

La biche s'en alla clopin-clopant, après avoir remercié le bûcheron en ces termes :

« Merci, Benoist, tu m'as sauvé la vie, *Bichette* se souviendra de toi. »

De retour à la maisonnette, le bûcheron conta son aventure à sa femme, en se félicitant de sa bonne action et riant un peu du bon souvenir que lui gardait Bichette.

Benoist n'était pas riche ; mais, comme il était laborieux et sa femme économe, ils vivaient l'un et l'autre contents de leur sort. Mariés depuis peu de temps, ils attendaient avec impatience que Dieu bénît leur union en leur envoyant un enfant. Quand cet heureux jour arriva, Benoist dit à sa femme :

— Femme, Dieu a comblé nos vœux ; faisons maintenant part de notre joie à nos amis. Je vais inviter *Fée, reine des Prés,* qui nous procure toujours de si belles fleurs ; le petit génie Kold, qui m'indique les arbres où se trouve le meilleur miel des abeilles.

— N'oublie pas le Grillon, qui chante si gentiment le soir dans la cheminée ; l'autre jour encore, il a empêché le feu de prendre à la maison en m'avertissant qu'un tison était roulé près des fagots.

— Oui, femme, est-ce tout ?

— Songes-tu au corbeau Couak, qui m'accompagne toujours à la fontaine, et qui, l'an passé, nous avertit que des voleurs voulaient nous piller.

— Tu as raison, femme, je l'oubliais.

Alors Benoist, se mettant sur le seuil de sa porte, s'écria :

— Nos bons amis, petite fée, reine des Prés, petit génie Kold, bon corbeau Couak, et toi charmant grillon Cri-Cri, ajouta-t-il en se retournant vers la cheminée, je vous invite au baptême de ma fille Jeanne... Venez demain soir.

— Merci, Benoist, merci notre ami, répondirent les voix des invités, nous y serons.

II

Le lendemain soir, il y avait bon feu chez le bûcheron. Le grillon Cri-Cri, assis sur la pierre du foyer, chantait en signe de réjouissance un de ses plus jolis morceaux, et le corbeau Couak, gravement placé en face, contait à Benoist une histoire qu'il avait apprise dans la journée. Reine des Prés soignait la commère et caressait la petite Jeanne, dont elle avait voulu être marraine. Quant à maître Kold, en voisin aimable, il avait apporté pour le dessert un beau rayon de miel, et s'occupait de casser des œufs pour faire une omelette.

On se mit à table. Tous étaient enchantés du bon accueil de Benoist et lui promettaient une amitié inaltérable, un dévouement à toute épreuve.

— Il faut toujours s'entr'aider, disait le corbeau Couak en agitant sa tête noire; on a souvent besoin les uns des autres.

— Et puis ceux qui ont bon cœur en sont récompensés, reprenait maître Kold avec un petit sourire doux et mignon.

— Pour moi, disait Reine des Prés en pirouettant dans la chambre, je suis heureuse; je vous aime tous, et je ferai du bien à ma filleule Jeanne. Allons l'embrasser, mes amis, et donnons-lui nos vœux.

On apporta le berceau de l'enfant au milieu de la chambre.

— Petite Jeanne, dit Reine des Prés, je te souhaite la douceur, l'obéissance.

— Petite Jeanne, dit Cri-Cri, je désire que tu sois bonne ménagère.

— Petite Jeanne, dit maître Kold, je te souhaite bon cœur et respect à tes parents.

— Petite Jeanne, dit Corbeau Couak, je te souhaite la modestie, la prudence, la sagesse, trois choses qui font le bonheur de la femme et la joie des siens.

A peine Corbeau Couak achevait ces paroles et reprenait sa place près du foyer, qu'un grand bruit se fit entendre au dehors; la porte s'ouvrit avec fracas, et le grand Loup blanc aux yeux rouges entra en grinçant des dents. Tous reculèrent effrayés.

— On m'avait sans doute oublié, dit-il en ricanant; mais entre amis on ne se gêne pas, et j'arrive tout joyeux. Chacun a formé ses vœux pour Jeanne, n'est-ce pas, Benoist? Je vais ajouter les miens, et ils ne seront pas les moins sincères :

— Petite Jeanne, je te souhaite d'être malheureuse ainsi que toute ta famille, et je te prédis que toi et les tiens vous me reverrez plus tard, à votre grand chagrin.

— Mon fils, dit gravement Corbeau Couak en s'adressant au Loup, ce souhait est mauvais et ne s'accomplira pas, s'il plaît à Dieu.

On ne doit point se venger de n'avoir pu commettre une mauvaise action. Je fus témoin de la scène entre la Bichette, Benoist et toi; Benoist eut raison de sauver Bichette, et comme Bichette est notre amie, nous soutiendrons Benoist.

— Sais-tu qui je suis, Corbeau Couak ; tu sembles ignorer ma puissance ?

— Je la connais parfaitement, mon fils, et je sais ton nom. Tu es le géant Caradabros, la terreur des mères de famille et des petits enfants. Mais j'ai de l'expérience, et nous lutterons.

— Nous lutterons, répéta Kold.

— Nous lutterons, répétèrent ensuite Reine des Prés et Cri-Cri. Puis ils ajoutèrent :

— Tu es fort, violent ; mais nous agirons de ruse, car nous voulons que Jeanne soit heureuse.

— Nous verrons, dit en ricanant le géant Caradabros. Au revoir, mes amis.

En disant ces mots, il changea de forme, prit la figure d'une orfraie, et sortit par la cheminée.

On l'entendit voltiger au-dessus de la maison en faisant entendre ces sons lugubres, plaintifs, qui sonnent dans les nuits sombres comme un glas, comme un funèbre écho de la mort.

Tous tressaillirent, et Corbeau Couak murmura :

— Mes enfants, il est bien méchant, bien puissant..... Prenons garde à lui.

— Prenons garde à lui, répétèrent Reine des Prés, Cri-Cri et Lutin Kold.

— Ah ! que je suis malheureux ! s'écria Benoist en pleurant. Comment faire ?

On entendit tout à coup en dehors sur les carreaux : Toc, toc, toc..... Toc, toc, toc..... Et une voix s'écria :

— Ouvre, Benoist, ouvre !

Benoist ouvrit, et une gentille colombe entra en voltigeant. Voyant autour d'elle toutes les figures tristes, elle dit :

— J'arrive trop tard ; j'ai pourtant fait diligence.

— Qui es-tu, douce Colombe ? s'écria Benoist tout étonné, et que me veux-tu ?

Mais les autres invités entouraient déjà la Colombe et disaient :

— Nous vous reconnaissons, fée Bichette ! Soyez la bienvenue.

Bichette répondit : — Vous savez, mes amis, que Benoist m'a sauvé il y a trois mois du Loup blanc. J'avais pris la forme d'une biche pour aller visiter notre ami Martin, qui avait besoin de mon secours. Je revenais tranquillement quand le géant Caradabros, qui m'en veut depuis longtemps, comme vous le savez, me reconnut. Il se changea en loup blanc et se mit à me poursuivre. Sans ce bon Benoist, qui s'est dévoué pour moi, j'étais perdue et j'allais mourir.

— Comment! dit Benoist, vous alliez mourir, vous, une Fée!

— C'est-à-dire, répondit Bichette, que s'il m'avait tuée sous cette forme de biche, je perdais pendant mille ans ma puissance de Fée; et pendant ces mille ans j'aurais erré à travers les astres comme une âme en peine, tandis que Caradabros aurait tout à son aise commis des cruautés et rempli de terreur les contrées habitées par les hommes. J'empêche souvent ses mauvaises actions, il le sait bien; et comme une Fée ne peut mourir, il lutte contre moi pour me priver de ma puissance et agir en maître pendant des siècles.

Il sort d'ici, n'est-ce pas; car, ne pouvant ouvertement se venger de moi, il reporte sa colère sur mes amis, et tu es mon ami, cher Benoist. Mais ne crains rien; je te protégerai, toi et les tiens. — Voici mon souhait :

Petite Jeanne, méfie-toi de la Souris blanche et du Flageolet noir. Je ne t'en dirai pas davantage.

Puis, changeant de forme, Bichette parut sous les traits d'une Fée gracieuse, charmante, aux yeux doux. Sur sa tête était une couronne de bluets; une belle robe blanche parsemée de bluets enveloppait son corps léger, diaphane comme celui des purs esprits. Un voile blanc, tissé en fils de la Vierge couvrait ses cheveux d'un blond cendré, et descendait jusqu'à ses pieds. Sur sa poitrine brillait un bluet en diamants, dont les pétales lançaient des rayons qui jetaient autour d'elle un éblouissant éclat. A la main, elle tenait une baguette en bois d'ébène, surmontée d'une petite tête en argent représentant une biche.

Cette créature, ou plutôt cet Esprit léger, gracieux, adorable dans ses formes, dans sa physionomie, portait le nom de Fée aux Bluets ou de Fée Bichette, pour cette forme de biche qu'elle affectionnait quand elle allait sur la terre, au milieu des hommes.

Elle s'inclina en souriant vers Jeanne, la baisa au front; puis, tirant un anneau dont le chaton représentait un bluet, elle le passa au doigt de l'enfant en disant à Benoist :

— Benoist, tu répéteras souvent à Jeanne que cet anneau est sa sauvegarde. Quand elle aura besoin de secours, elle tournera le chaton en dedans, et j'accourerai à son appel. — Venez-vous, mes amis, ajouta-t-elle en se tournant vers Corbeau Couak, Cri-Cri, Kold et Reine des Prés; allons voir notre Reine et lui demander ses conseils. — Au revoir, Benoist.

— Au revoir, Benoist, répétèrent en souriant les autres.

Puis ils sortirent, et la maison devint silencieuse.

Le bûcheron se mit près du foyer et resta pensif, réfléchissant à ces étonnantes aventures et songeant aux malheurs que l'avenir lui réservait peut-être pour avoir sauvé la Bichette des mains du géant Caradabros. Sa femme pleurait dans son lit et se lamentait en couvrant de baisers la petite Jeanne, qui dormait avec cette confiance naïve, cette douce et sainte innocence des jeunes âmes.

— Femme, dit Benoist, ne pleurons pas. En faisant une bonne action nous avons accompli notre devoir ; et celui qui agit bien doit avoir la conscience tranquille et l'espérance dans le cœur.

III

Mais ici bas tout passe, regrets et joie. Au bout de quelque temps, Benoist avait repris sa vie habituelle et ne songeait pas plus au géant Caradabros qu'au vilain rêve que l'on chasse au matin en s'éveillant. Jeanne grandissait et promettait de devenir une jeune et belle fille, douce, obéissante, sage et modeste. En la voyant, ceux qui savaient son histoire disaient que ses bons amis les petits génies ne l'oubliaient pas et accomplissaient les souhaits formés à sa naissance.

Le Corbeau Couak, qui habitait toujours le voisinage, la venait voir de temps en temps, tantôt sous une forme, tantôt sous une autre, et lui donnait de sages conseils, des avis bienveillants qui étaient toujours bien reçus, comme il convient aux enfants sages.

Reine des Prés procurait souvent à sa filleule les fleurs les plus suaves, les plus belles ; et quand Jeanne courait dans la campagne elle venait la trouver, l'amusait, et tout en l'amusant l'instruisait ; car, disait-elle, il faut que les enfants apprennent de bonne heure ; on n'est jamais assez instruit, et plus on sait, plus on est heureux.

Tous les soirs, Cri-Cri, désireux de se rendre utile aux autres, chantait des petits airs joyeux, et Jeanne s'endormait heureuse au doux murmure de ces gentilles chansons, qui lui procuraient de jolis rêves. Une nuit, elle rêva que le Lutin Kold la prenait par la main et la promenait dans la forêt, puis la laissait près d'un arbre où elle voyait quelque chose briller dans la terre. Au matin, elle conta son rêve à son père.

Benoist, pensant que Kold leur ménageait une surprise et qu'il ne fallait pas dédaigner son avertissement, prit une bêche, un sac, et partit avec sa fille pour la forêt.

Il se fit indiquer l'arbre où Kold s'était arrêté ; puis, creusant à l'entour, il fit un trou profond et trouva, dans une caisse à moitié brisée, beaucoup de pièces d'or et d'argent.

C'était un trésor que des voleurs avaient autrefois enfoui au pied de cet arbre, pensant le retrouver plus tard ; mais ils avaient depuis été arrêtés pour d'autres crimes, condamnés à mort et exécutés ; car, dans le monde, on ne fait rien de mal impunément, et les fautes, les crimes sont toujours punis.

Le bûcheron, joyeux de cette aubaine, de cette bonne trouvaille, remplit son sac, combla le trou, remercia le Lutin Kold, et reprit la route de son logis. Jeanne courait devant lui, ramassant des fleurs.

Elle cueillit une de ces charmantes et brillantes paquerettes que l'on nomme Reine des Prés. Elle l'apporta à son père en disant :

— Tiens, père, la belle fleur ! Elle ressemble à ma marraine.

Benoist fut tout étonné d'entendre la fleur murmurer à son oreille :

— Veille, Benoist, veille !

Un peu plus loin, une pie qui sautillait à terre, passa près d'eux et fit entendre dans son langage ces mots :

— Veille, Benoist, veille aux voleurs !

En passant près de la fontaine, ils virent Corbeau Couak, qui, pensif et silencieux, les regardait d'un œil triste. Il murmura :

— Veille, Benoist, veille aux voleurs, veille à ce qui brûle !

Près du seuil de la porte était un petit garçon qui faisait un trou et y apportait de l'eau qu'il allait chercher à la fontaine.

— Que fais-tu là, petit ? dit le bûcheron.

— Je creuse un trou pour y mettre de l'eau ; je mets de l'eau pour éteindre le feu. Veille, Benoist, veille !

En rentrant, Benoist, tout triste, tout inquiet, trouva sa femme encore plus triste, plus inquiète que lui.

— Ah ! Benoist, si tu savais, dit-elle.

— Ah ! femme, si tu savais, répondit Benoist.

Et il raconta à sa femme son voyage dans la forêt.

— Je suis heureux de ce trésor, car nous ne sommes pas riches ; mais je crains des malheurs. Tous ces avertissements m'effraient. Que faire ? Si nous demandions conseil à Cri-Cri ?

— Hélas ! soupira la femme, le grillon Cri-Cri est parti…. Femme Benoist, m'a-t-il dit, notre Reine nous demande pour une grande réunion. Le géant Caradabros voudrait obtenir une place dans le grand conseil qui réside sur un des plus hauts plateaux de l'Himalaya, et il faut notre consentement. Nous devons donc ce soir nous assembler au lieu ordinaire de nos réunions près de la fontaine magique. Mais je soupçonne qu'il veut m'éloigner d'ici, ainsi que Couak, Kold et Reine des Prés, car il sait bien qu'il n'obtiendra pas cette place. Il médite sûrement une vengeance, et autant que je peux pénétrer ses desseins, je te dirai :

— Veille au voleur ! veille au feu ! Tout est à craindre !

Et après avoir dit ces paroles, Cri-Cri fit un petit bout de toilette, et disparut par la cheminée.

— Oh! s'écria Benoist, un grand malheur nous menace sûrement! Est-ce ainsi que la charité est récompensée.

— Mon ami, reprit sa femme, résignons-nous. Avec notre conscience et la volonté de Dieu, attendons des jours meilleurs.

Un éclat de rire sinistre retentit et les glaça d'effroi. Jeanne se jeta aussitôt dans les bras de sa mère, et Benoist, s'armant d'une hache, sortit, fit le tour de sa maisonnette, mais ne vit rien. Tout était tranquille, silencieux. La pie ne courait plus dans le chemin, le corbeau Couak n'était plus sur son arbre, et le petit enfant ne creusait plus son trou, pour y mettre l'eau de la fontaine et pour éteindre le feu.

Le ciel était sombre, le vent soufflait avec violence et sifflait dans le feuillage; une orfraie s'était penchée sur la cheminée, et sa voix lamentable s'entendait par instants et semblait un avertissement lugubre, un écho d'une voix que l'on n'entendait pas, mais dont les accents redoublaient les excitations de la tempête. La famille du bûcheron s'était réunie près du foyer désert. Malgré le froid on n'avait point allumé de feu, car on craignait un danger.

Tout en devisant, Benoist voulut cacher son trésor, car il se rappelait l'avis : Veille aux voleurs! — Femme allume ta chandelle de résine, dit-il. La femme alluma la chandelle, et Benoist se dirigea vers la cache qu'il avait préparée. Par malheur la chandelle lui échappa des mains au moment où il la posait sur le bahut, et tomba sur un fagot de bourrées. La flamme en jaillit aussitôt, vive et éclatante. Des étincelles s'élancèrent de tous côtés; une longue trainée de feu sillonna la chambre, les murs en bois se charbonnèrent et brûlèrent avec ce pétillement, ce bruit sinistre qui accompagne un incendie. Benoist s'arrachait les cheveux, et sa femme et Jeanne cherchaient à éteindre le feu. Ils jetaient ce qui leur tombait sous la main, du vin, de l'eau, et ces matières semblaient donner une nouvelle force, un nouvel aliment aux flammes, qui s'élançaient plus vives, plus ardentes, et couraient comme des langues de feu en dévorant tout sur leur passage.

— Ah! mon Dieu! s'écria Benoist, nous sommes perdus, c'est le Loup-Blanc qui nous vaut cet affreux malheur.

— Tu l'as dit, ami Benoist, répondit une voie railleuse. Va chercher de l'eau à la fontaine pour éteindre ton feu..... si tu le peux.

Benoist, sans comprendre la cruelle méchanceté, la froide ironie de Caradabros, sans réfléchir, à moitié fou de terreur, courut avec un seau à la fontaine. Sa femme, tremblante, le suivit un vase à la main, et pauvre Jeanne courait derrière sa mère. Mais le géant invisible les suivait et les trompant par un faux mirage leur fit prendre un autre chemin, chemin tout opposé au véritable.

Ils croyaient toujours devant eux voir la fontaine, et plus ils s'avançaient, plus le mirage trompeur s'éloignait.

La voix railleuse ricanait toujours à leurs oreilles : Marche, marche, ami Benoist, pendant que ta maison brûle.

Et de vrai, la maison brûlait toujours. Les pétillements éclataient avec un bruit sinistre. Les étincelles s'élançaient au ciel en gerbes d'or et une colonne lumineuse, colonne de fumée et de feu, colonne rougeâtre montait dans les nues, teignant d'un pourpre de sang les images, les arbres qui s'agitaient au souffle du vent, les pierres immobiles, les herbes où couraient en tremblant les lézards éveillés par la chaleur, les serpents qui bruissaient sous les feuilles.

Paul Mersan.

(La suite au prochain numéro.)

COURS DE DESSIN.

PAYSAGE.

Leçon XI. — *Couvertures d'édifices.*

La planche qui accompagne cette leçon renferme comme éléments de fabriques l'étude des différentes couvertures en usage dans les constructions.

Couvertures en tuiles creuses (Fig. 1). — Ce genre de couverture s'emploie beaucoup en Italie, en Espagne, ainsi que dans le midi et l'ouest de la France. Les tuiles placées horizontalement sur le sommet du toit forment ce qu'on appelle le *faîtage.* Les tuiles creuses sont un peu plus étroites à l'une de leurs extrémités qu'à l'autre (fig. 2); cette forme permet de les faire entrer les unes dans les autres. Les tuiles creuses sont lourdes et ne permettent pas de donner beaucoup d'inclinaison au toit; elles résistent très bien aux coups de vent et sont d'une longue durée.

Couvertures en tuiles plates (Fig. 3). — Cette couverture est en usage dans presque toute la France, l'Allemagne et généralement dans toutes les contrées septentrionales. Les tuiles plates se placent les unes sur les autres, de manière à ce que celles qui forment l'assise supérieure du toit recouvre en partie celles qui forment l'asssise immédiatement inférieure et ainsi de suite. La couverture en tuiles plates permet de donner une forte inclinaison à la toiture et d'y pratiquer des fenêtres qu'on appelle *mansardes* (1).

La figure 4 représente une couverture en *chaume*. Le mot *chaume* vient de *calamus*, qui signifie roseau, tuyau de paille. Ces couvertures sont les moins coûteuses ; elles sont fort usitées en Angleterre, en Normandie et dans le midi de la France ; on en voit beaucoup en Allemagne. Leur durée est de trente ou quarante ans. On fixe le chaume sur des lattes, par paquets, liés avec des fils de paille ou des fils de fer ; le faîtage est composé de mottes de gazon. Le chaume prend en vieillissant des teintes charmantes. La mousse et les plantes lui donne beaucoup de charme pittoresque. Le chaume, généralement employé pour les plus humbles demeures de villageois sert quelquefois à recouvrir des pavillons de plaisance, dans les parcs des châteaux. Il y a de jolis exemples de constructions rustiques au Jardin des Plantes et au jardin zoologique d'acclimatation du Bois de Boulogne, à Paris.

A côté de la *chaumière* (fig. 4) se trouve un petit toit couvert en ardoises. La couverture en ardoises comme celle en tuiles plates exige une forte inclinaison du toit ; elle est employée pour les grands édifices. Dans les contrées riches en *ardoisières* (on appelle ainsi les carrières d'ardoises) les plus modestes maisonnettes sont couvertes avec cette matière : ainsi il n'est pas rare de voir dans un même village du chaume, des ardoises et des tuiles plates.

La figure 5 représente une couverture en zinc. Le zinc offre l'avantage d'être léger et de se prêter à toutes les exigences des constructions modernes. On en fait des terrasses. Il se dilate au soleil et exige de fréquentes réparations. Nous engageons nos élèves à étudier avec attention l'ombre portée du mur en saillie sur la toiture en zinc, cette étude complète les explications que nous avons données dans notre précédente leçon, paragraphe 6.

Ici se termine la première série de l'étude des fabriques et de l'application de la ligne droite.

Dans notre prochaine leçon nous commencerons les éléments de la figure, qui comprendra également six planches.

CAM.

---

(1) Les mansardes ont été inventées par *Mansard*, célèbre architecte, né en 1598, mort en 1666. Mansard était d'une très-grande sévérité pour lui-même. Un jour qu'il présentait un plan à Colbert, ce dernier en fut si content qu'il voulut faire promettre à Mansard de n'y rien changer. Mansard répondit : « Je veux me réserver toujours le droit de mieux faire. » On doit à cet artiste un grand nombre de beaux édifices parmi lesquels nous citerons le château de *Maisons* et le Val-de-Grâce à Paris.

Patron d'un Zouave pour une poupée de 45 centimètres de hauteur.

La coupe de ce vêtement est très-facile; nous ne ferons qu'une seule remarque au sujet des manches, qui demandent beaucoup de soin pour les couper et les monter. Il en est de même généralement pour toutes les manches à coudes.

GALERIE DES SAINTES ET FEMMES ILLUSTRES

Nous devons tous avoir pour guides ceux qui faisant avant nous ici bas ce voyage rapide, éphémère de la vie, ont laissé un renom de sainteté, de vertu. Aimons leur douceur, suivons leurs bons conseils, et cherchons à marcher sur leurs traces. Si sur la terre nous ne sommes point récompensés, n'ayons nulle crainte; — Dieu en garde le souvenir et au jour où tout sera dévoilé, nous aurons, selon nos mérites, une part des joies éternelles. Vous, mes enfants, le doux espoir de vos mères, l'espérance de vos familles, vous qui avez une si belle place au foyer domestique, dans ce saint asile de vertus et de devoirs, apprenez de bonne heure à chérir le bien, à repousser le mal.

Que la vie de ces pieuses martyres, de ces femmes qui se sont illustrées par leurs talents, qui ont honoré leur sexe, soit pour vous un guide toujours sûr une lumière toujours brillante, une auréole aux reflets magiques!

Nous tâcherons de vous indiquer de temps en temps quelques-uns de ces noms illustres; — nous le ferons, en peu de mots, trop de détails pourraient maintenant fatiguer vos jeunes esprits.

Nous voulons vous donner le goût des belles et bonnes choses, vous instruire en souriant, vous plaire en vous amusant et vous donner pour plus tard le désir d'une instruction plus sérieuse, plus étendue. Notre tâche est modeste et pourtant bien grave, car votre vie future, mes petites mignones, la vie du monde dépend des premiers principes, des premières impressions, fleurs douces et parfumées qui doivent éclore dans vos âmes au souffle de la vertu, comme une timide et suave violette au souffle de la brise, aux rayons du soleil.

Étudiez donc, mes chères enfants, soyez pieuses, aimables, réservées, et plus tard vous recueillerez pour la satisfaction de vos mères, pour votre contentement, le prix de cette bonne conduite.

MARIE

Le plus doux de tous les noms, celui qui donne au cœur les plus saintes émotions par le souvenir qu'il rappelle, n'est-ce pas celui de Marie? n'est-ce pas celui de la Vierge, mère du divin enfant que tous les peuples adorent?

Marie était un nom très-commun en Judée et dans toutes les familles; il y avait une ou plusieurs femmes portant ce nom. Mais il n'avait pas ce renom éclatant que devait lui donner la naissance du Sauveur.

La mère de Jésus, Marie, était issue du sang royal de David, de cette illustre famille dont le Saint Roi avait été la plus éclatante personnification, avant la venue de Jésus. Elle fut fiancée à l'âge de 15 ans à Joseph le charpentier, qui vivait modestement à Nazareth. Peu après son mariage, un jour qu'elle était en prières, une grande lumière éclaira sa chambre, un bruit doux et harmonieux se fit entendre et un ange parut à ses yeux surpris et émerveillés. C'était l'ange Gabriel qui venait lui annoncer que Dieu l'avait choisie pour être la mère de son fils.

L'église chrétienne célèbre ce grand jour sous le nom de l'Annonciation, le 25 mars.

Au mois de décembre suivant, le 25 à minuit, naquit l'Enfant Divin, dans un lieu pauvre et misérable, dans un étable, sur la paille.

Mais les juifs puissants qui craignaient la venue du Messie et qui apprirent sa naissance, le firent chercher de tous côtés. Marie fut obligée de fuir en Égypte pour soustraire son divin enfant à la fureur d'Hérode. Le danger passé, elle revint avec son mari s'établir à Nazareth où elle éleva son fils dans la pratique de toutes les vertus. Elle suivit Jésus dans toutes ses prédications et assista à son supplice de la croix. Douloureux et cruel spectacle pour une mère!

L'Église chrétienne rend à Marie le plus grand, le plus éclatant et le plus beau de tous les cultes. Elle est honorée comme le modèle des mères et des saintes et comme intercédant pour les pécheurs auprès de son fils.

Voici les fêtes que l'église célèbre en sa faveur :

L'Assomption, ou anniversaire de sa mort, le 15 août.
La Conception de la Vierge, le 8 décembre.
La Nativité, 8 septembre.
La Présentation de la Vierge, 21 novembre.
Les Épousailles, 23 janvier.
L'Annonciation, 25 mars.
La Visitation, 2 juillet.
La Purification, 2 février.

PAUL MERSAN.

Le Directeur : **H. DURU.**

PARIS. — IMPRIMERIE ÉMILE VOITELAIN ET COMP., RUE JEAN-JACQUES-ROUSSEAU 15

N° 13   Prix : 50 c.   16 Février 1864

LA POUPÉE

RECUEIL DE TOUS LES TRAVAUX DES PETITES DEMOISELLES

JEUX, IMAGES, MUSIQUE, DESSIN ET LECTURES AMUSANTES

Paraissant le 1ᵉʳ et le 16 de chaque mois

Bureau de Rédaction et d'Abonnements chez M. H. Duru, rue d'Enfer, 126, Paris
Prix de l'Abonnement : Paris, un an 10 fr.; six mois 6 fr.
Départements, un an 13 fr.; six mois 7 fr. — Étranger, un an 15 fr.; six mois 8 fr.
On s'abonne aussi chez M. Saussine, rue du Cloître-St-Jacques, 10, près la rue St-Denis.
à la Mère de Famille, rue Tronchet, 18.

PRIME. — On donne pour un abonnement d'un an une magnifique boîte, soit : mercerie ou tapisserie, jeux, loteries, toilette de la poupée, etc.
Le même journal, une fois par mois : Paris, 5 fr.; départements, 7 fr.; étranger, 10 fr.

LE GÉANT CARADABROS

—

CONTE FANTASTIQUE.

(Suite.)

Benoist marchait toujours.

— Femme, disait-il tout essoufflé, la figure en sueur, un peu découragé, nous allons bientôt arriver à la fontaine.

Sa femme accéléra son pas, quoique Jeanne s'accrochât à sa robe.

La voix railleuse répétait : — Marche, marche, ami Benoist.

Et Benoist, poussé par une force invisible, s'avançait en regardant d'un œil hagard tous les objets éclairés par la teinte sinistre du feu qui dévorait sa maison, et dont le bruit, porté par le vent, arrivait à ses oreilles.

Un tison enflammé, emporté par le vent sur un buisson voisin de la maison, lui communiqua le feu; près de ce buisson s'étendait un petit bois de pins qui ne tardèrent pas à s'enflammer à leur tour. Bientôt, le vent aidant, le feu s'étendit sur les premiers taillis de la forêt, puis aux grandes futaies, qui devinrent le foyer d'un immense incendie. Les oiseaux, subitement éveillés, volaient en tous sens, et les plus faibles retombaient asphyxiés par la fumée. La vipère, la couleuvre, sifflaient d'une manière aiguë; les daims, les renards passaient rapides auprès de Benoist, emportés par l'effroi, et leur course effrayante, vertigineuse, redoublait celle du bûcheron. La flamme commençait à arriver derrière lui, la fumée le suffoquait; il allait ne plus pouvoir avancer. Dans son état de fatigue, d'accablement, il jeta un regard désespéré autour de lui. Au moment où ses forces allaient complétement l'abandonner, où il allait s'affaisser pour, peut-être, ne jamais se relever, une idée subite traversa son cerveau; il se retourna, vit sa femme et Jeanne qui le suivaient toujours. Attirant Jeanne à lui, et prenant la bague, il la tourna en dedans en s'écriant :

— Mon Dieu! je n'y pensais plus. Nous sommes sauvés! Fée Bichette! fée Bichette !

Au même instant, une ombre de femme aux formes suaves parut à ses yeux; puis l'ombre devint plus accusée, et la fée parut. D'un seul coup d'œil embrassant l'étendue du sinistre, elle murmura :

— Ah ! je comprends tout! Heureusement, j'arrive à temps.

Puis, de sa baguette, décrivant un cercle bizarre dans l'air, elle s'écria :

— Vents, apaisez-vous ! pluie, tombe à torrents !

Les vents s'apaisèrent par enchantement, et une pluie abondante tomba immédiatement. Peu à peu les flammes s'éteignirent; une épaisse fumée noire se dégagea de cet immense foyer; cette fumée, en s'étendant partout, donna longtemps au ciel une teinte sinistre, uniforme, puis elle disparut, et il ne resta qu'une odeur de suie, dernier indice d'un incendie.

On pouvait suivre alors les mouvements de terrain de la forêt, et rien n'était plus triste que de considérer l'aridité de ce paysage, naguère si riant. Les immenses massifs de hêtres et de chênes, entremêlés de rochers moussus, étaient remplacés par une masse noirâtre de débris et de cendres qui présentaient un aspect de désolation difficile à exprimer.

Benoist, tout ému, allait remercier sa bienfaitrice, quand un cri, ou plutôt un hurlement de désespoir retentit violent, immense, comme le sifflement, comme la voix d'une tempête, et une forme gigantesque parut auprès d'eux. C'ÉTAIT LE GÉANT CARADABROS. Il faisait peur à voir : haut de cinquante coudées au moins, sa tête aurait atteint les plus grands arbres. Ses yeux, rouges et brillants, lançaient des éclairs; sa bouche, aux plis sinistres, ouverte par un rictus diabolique, montrait des dents énormes, pointues. Deux de ces dents sortaient aux coins de ses lèvres comme des crocs, et se perdaient dans une barbe épaisse qui tombait sur sa poitrine. Une chevelure crépue, dure, couvrait son front bas, étroit, où se lisaient tous les instincts du mal, et descendait sur un cou musculeux et sur des épaules qui auraient pu soutenir un monde. Toute la physionomie de ce monstre respirait un air de cruauté et de violence inouïes, de sensualité bestiale. Ses mains étaient velues et terminées par des ongles crochus. Il brandissait un bâton noueux, d'un diamètre énorme, véritable massue. A sa ceinture était suspendu un *flageolet noir*, et sur son dos il portait une petite cage contenant une *souris blanche* dont les yeux étaient injectés de sang et brillants comme ceux de son maître.

Caradabros frappait de son pied la terre avec rage, et à chacun de ces chocs, la terre tremblait et se soulevait comme si elle était secouée dans l'espace. Dans cette nuit désastreuse on eut beaucoup de malheurs à déplorer : des villes entières ressentirent des secousses de tremblement de terre et s'écroulèrent en écrasant sous leurs décombres les habitants endormis. Un petit nombre d'entre eux parvinrent à s'enfuir; on les voyait courant çà et là emportant leurs objets les plus précieux et se lamentant. Les maris cherchaient leurs femmes, les mères appelaient leurs enfants, et un silence de mort succédait à leurs sanglots. Plusieurs rivières débordèrent et renversèrent les habitations, déracinèrent les arbres, emportèrent les moissons au milieu de leurs ondes tumultueuses et menaçantes.

Cependant le corbeau Couak revenait du conseil en compagnie de Cri-cri, ils étaient sur un nuage blanc et devisaient tranquillement sur les incidents de la réunion. Ils se félicitaient de la défaite de Caradabros qui avait été à l'unanimité éconduit dans ses prétentions, mais ne semblaient nullement songer à Benoist et à Jeanne; ils traitaient de sujets d'un intérêt plus général. Soudain, l'œil perçant de Couak saisit le spectacle affreux du sinistre de la nuit et il entendit les secousses de la terre.

—Hum! hum! fit-il, ami Cri-cri, dépêchons-nous, j'imagine que Caradabros fait des siennes.

Aussitôt, prenant le grillon sur son dos, il ouvrit les ailes et se mit à fendre les airs avec une rapidité prodigieuse. Il passait comme un sifflement du vent, comme un éclair, comme une étincelle électrique.

Cependant Caradabros, brandissant son énorme bâton, s'écria : Ah? Fée de malheur, je te trouve donc toujours sur mes pas? Tu veux jouer le rôle du bon génie! Je suis vaincu aujourd'hui, mais par les cornes d'*Astaroth*, mon père, j'aurai ma revanche. Tremble! tremble! Benoist, tu n'auras pas toujours fée Bichette.

—Caradabros, répondit la Fée aux Bluets d'une voix mélancolique et douce qui aurait fait vibrer un cœur moins endurci, moins cruel que celui du Géant, vous avez tort, bien tort! Pourquoi faire le mal? Quelle satisfaction en retirezvous? Nous sommes placés par notre rang au-dessus des mortels, nous leur devons, non seulement l'exemple des grandes vertus, mais encore notre protection et nos bienfaits. Vous, surtout, qui avez la force en partage, vous devriez avoir de la générosité pour les faibles et n'user de votre vigueur que pour leur venir en aide. Vous assureriez par là votre puissance bien autrement que par vos cruautés; car vous seriez sûr, non seulement de notre concours, mais de notre sympathie. Encore une fois, renoncez au mal.

— Jamais, Fée de malheur! J'aime le mal, je veux le mal, je ne vivrai que pour le mal et toujours je le chercherai. Telle est ma destinée, telle est ma passion.

Couak qui survint en cet instant, interpella ainsi le géant :—Tu as tort, Caradabros, un jour tu pourras t'en repentir. Le mal doit faire place au bien. Crois-moi, j'ai de l'expérience. Tu en doutes? Alors poursuis ta funeste mission, puisqu'elle fait ton bonheur. Abandonnes-toi à tes affreux penchants de destruction. Pour nous, qui savons quelles douces joies, quels vrais plaisirs procure au cœur une bonne action, nous chercherons toujours à soutenir le faible contre le fort, l'opprimé contre l'oppresseur. — A bon entendeur, salut! A ces mots, Couak tourna sans cérémonie le dos à Caradabros et dit :

Il fait bien noir. Ça! Lune éclaire-nous de tes rayons argentés.

Aussitôt les nuages s'écartèrent et l'astre des nuits parut beau et radieux. Un vent doux se leva, brise légère et parfumée, qui emporta les derniers miasmes de l'incendie. Des arbres nouveaux, des bosquets surgirent par enchantement; et comme si l'on se fut trouvé au milieu d'une de ces belles et poétiques nuits de printemps où tout est joie, un rossignol fit entendre ses plus gracieuses mélodies, ses vocalises les plus brillantes, ses roulades les plus ravissantes. Son chant était comme un hymne de remercîments pour la divinité protectrice.

Au loin on entendait le murmure de la mer venant frapper les rochers de ses vagues plaintives, et sur les eaux s'élevait un chant grave, celui des marins qui partaient pour la pêche et saluaient avec joie le retour du beau temps.

Benoist, sa femme et Jeanne tombèrent à genoux, remercièrent Dieu et entonnèrent aussi un de ces chants naïfs, gracieux de la campagne.

Le géant poussé par une force invisible courba un instant la tête; mais se relevant brusquement, il s'écria : Non... non!... vengeance! Je vous retrouverai, créatures de malheur, esprits insensés qui pensez me vaincre... A bientôt !

— A bientôt, répondit Couak. Et le géant Caradabros disparut en poussant un cri de colère qui retentit comme un roulement de tonnerre, comme un fracas épouvantable de rochers se brisant les uns sur les autres.

— Oh! mes bons génies, comment vous remercier, comment reconnaître vos bontés, dit Benoist ?

— En vivant toujours honnêtement et en faisant le bien, répondit fée Bichette.

— Maintenant, reprit le grillon, Benoist ne peut rester dans ce pays. Caradabros le retrouverait trop facilement.

— Au contraire, au contraire, riposta Couak, je trouve pour Benoist plus sage de rester en ces lieux. Je connais la manière d'agir de notre ami le *Loup-Blanc*. Il se doute que nous allons nous réunir à Benoist dans une autre contrée et doit avoir déjà mis ses espions en campagne. Demeurons donc ! Son esprit grossier n'ira pas jusqu'à prévoir notre ruse, et pendant qu'il nous cherchera nous organiserons notre défense.

— Tu as raison, frère Corbeau, répondit Bichette, en souriant.

— Je me range à ton avis, ajouta Cri-Cri, tu raisonnes toujours sagement et tu es réellement le plus expérimenté de nous tous. A ce compliment, Couak se contenta, selon sa coutume, de rire silencieusement, puis, avisant une prairie à quelques pas des ruines de la cabane : —Ami Benoist, viens avec nous, dit-il, nous allons t'aider à construire ta nouvelle habitation.

Paul Mersan.

(La suite au prochain numéro.)

COURS DE DESSIN.

FIGURE.

Leçon I. — *Proportions de la tête.*

Avant tout, nous devons, pour l'intelligence des explications qui vont suivre, faire connaître à nos élèves la définition de la circonférence du cercle et la manière d'élever une perpendiculaire sur une ligne donnée. (Voir le n° 7, déf. 14.)

1° La *circonférence du cercle* est une ligne courbe fermée (voir le n° 7, déf. 8), dont tous les points sont également éloignés d'un point intérieur qu'on nomme *centre* (fig. 1).

Un *arc* de cercle est une portion ou partie de la circonférence.

Le *diamètre* est la ligne droite AB qui, en passant par le centre, vient se terminer de part et d'autre à la circonférence (fig. 1). Le diamètre partage la circonférence en deux parties égales. Le *rayon* ou *demi-diamètre* est la ligne droite qui part du centre et qui aboutit à la circonférence. Tous les rayons d'une circonférence sont égaux.

2° Pour élever une perpendiculaire sur le milieu d'une ligne donnée AB, il faut, des points A et B comme centres et avec une ouverture de compas prise à volonté, mais plus grande que la moitié de la ligne AB, décrire deux petits arcs de cercle qui se coupent au point C; des mêmes points A et B, décrire avec la même ouverture de compas deux petits arcs de cercle qui se coupent au point D et joindre la ligne CD.

———

Les éléments de la tête sont : la *bouche*, les *yeux*, le *nez*, les *oreilles* et le *cou*.

Pour indiquer l'ovale de la tête, on trace deux lignes AB, BC égales et perpendiculaires l'une à l'autre. Leur point de rencontre est le centre d'un cercle, dont la ligne AB est le *diamètre* horizontal. (Voir le § 1, présente leçon.) Ce cercle étant tracé, du point A, comme centre, et avec une ouverture de compas égale à la ligne AB, on décrit l'arc de cercle AE, et du point B, comme centre, avec la même ouverture de compas, on trace l'arc de cer-
Ces deux arcs secle BE. rencontrent au point E.

L'ovale ainsi formé, on divise la ligne CE en 4 parties égales par les lignes horizontales et parallèles 1, 2, 3. Au milieu de la ligne 1 se trouve la naissance des cheveux ; sur la ligne 2 se trouvent les yeux ; la ligne 3 est celle du nez; la ligne 4, passant par le point E, marque l'extrémité du menton. On ajoute une 5° partie qui détermine la longueur du cou.

La ligne du milieu (2) se divise en 5 parties. La longueur de chaque œil se divise en trois parties, dont l'une est occupée par la prunelle. — L'ouverture de l'œil est le tiers de sa longueur. — La largeur du nez est égale à l'espace qui existe entre les deux yeux. — La bouche (4) a la longueur d'un œil et demi. — Les oreilles sont placées entre la ligne des yeux et celle du nez, c'est-à-dire entre les lignes 2 et 3.

A partir de cette ligne 3 commence le cou, dont la grosseur est la moitié de celle de la tête. Il s'élargit en approchant des clavicules (1).

Cam.

(1) Le mot clavicule vient de *clavis*, clef. Ce sont les os qui ferment la poitrine par en haut et qui l'attachent aux épaules. Ces os ont une certaine ressemblance avec les anciennes clefs.

TAPISSERIE. — PANTOUFLE ET DESSUS DE TABOURET

Nous avons dit, dans un précédent numéro, que les points de tapisserie étaient au nombre de seize : 1° *Le gros point*, ou point de marque que nous connaissons; 2°.*le petit point*; 3° *le point de chien*; 4° *le point de mosaïque droit fil ou simple*; 5° *le point de mosaïque ou point du diable*; 6° *le point de mosaïque en biais*; 7° *le point de jonc droit fil contrarié*; 8° *le point de jonc en biais*; 9° *le petit point de jonc*; 10° *le point à carreau*; 11° *le point à ovale ou losange*; 12° *le point à zig-zags*; 13° *le point mélangé* (gros point ou petit point); 14° *le point de peluche ou de frange*; 15° *le point en relief*; 16° *le point sur osier*.

Petit point. — Plus délicat que le gros point se fait mieux en montant le canevas sur un métier à-pied.

Pour faire le petit point, il faut employer de la laine fine; prendre soit en long, soit en large, un fil que vous embrassez en passant au-dessus de l'aiguille de droite à gauche; l'aiguille couchée et tournée vers vous. Lorsque vous la sortez à demi, il y a un fil sous la laine et l'autre dessus; recouvrez ce fil par le suivant; reprenez la seconde ligne en passant la laine sous la première ligne.

Point de chien. — Ce point est employé pour le tapis.

Pour faire ce point on prend quatre fils en longs sur deux fils en travers, vous faites sortir l'aiguille en face de vous, après les premiers fils à droite; ensuite vous piquez l'aiguille en arrière, sous les deux fils en long. Pour terminer ce point vous passez l'aiguille sous les deux fils suivant et vous croisez la laine sur le point que vous venez de faire.

Point de mosaïque simple. — Ce point représente une croix de saint André; elle est formée par un carreau de quatre fils de longueur sur quatre fils de largeur. Pour remplir le vide que laisse cette croix ont fait un point transversal en laine d'une autre couleur.

Point de mosaïque double, ou point du diable. — Il se fait comme le point précédent; la croix faite sur un carreau de quatre fils en tous sens, vous faites un point sur chaque branche de cette croix. Pour faire ce point vous sortez l'aiguille entre les quatre fils et vous la piquez à droit deux fils après la première branche de la croix sur laquelle vous croisez la laine. Pour la seconde branche de la croix, vous piquez l'aiguille aux deux fils suivants; pour achever vous repiquez dans le point précédent de manière à recouvrir la troisième branche; vous terminez en faisant de même pour la quatrième.

Point de mosaïque en biais. — Ce point, c'est le *Passé*, à point oblique. Il s'étend sur quatre fils en longueur, et coupe de biais les fils de largeur.

Point de jonc droit fil contrarié. — Ce point est formé d'une suite de petits rouleaux croisés et de différentes couleurs. Vous faites de longs points de six fils en travers, sur lesquels la laine s'étend à plat ; vous séparez ces points par deux fils de longueur. Vous faites ensuite la seconde rangée en prenant deux fils de largeur sur l'intervalle compris entre les rouleaux, puis vous ajoutez quatre autres fils suivants pour compléter les six fils nécessaires pour faire ce point.

Dans notre prochain numéro nous donnerons l'explication des autres points.

GALERIE DES SAINTES ET FEMMES ILLUSTRES

SAINTE BATHILDE.

Voici une sainte qui, de la triste et abjecte position d'esclave, parvint à la plus haute dignité que l'on puisse ambitionner sur terre, celle de reine. Elle plut au jeune roi Clovis II, qui l'épousa et la fit couronner reine. Clovis II était fils du grand roi Dagobert et régna sur la France de 640 à 656. C'était alors un triste pays que notre pauvre France : troubles de toutes natures, désordres, guerres continuelles, la désolaient sans cesse ; le peuple souffrait beaucoup et la femme y vivait dans une bien misérable condition. Clovis II mourut très-jeune en 656, à l'âge de 23 ans. Les légendes du temps racontent sur lui un fait que je vais vous rapporter, et qui coûta bien des larmes, bien des prières à sainte Bathilde.

« Un jour, Clovis vint pour ses dévotions dans l'église des saints martyrs (Denis et ses compagnons) et voulant avoir en sa possession leurs reliques, il fit découvrir le sépulcre.

A la vue du corps du bienheureux Denis, plus avide que pieux, il lui cassa l'os du bras, l'emporta et frappé soudain, tomba en démence. Le saint lieu fut aussitôt couvert de ténèbres si profondes, et il s'y répandit une telle terreur que les assistants, saisis d'épouvante, prirent la fuite.

Le roi, pour recouvrer le sens, donna ensuite à la basilique plusieurs domaines, fit garnir d'or et de pierreries l'os qu'il avait détaché du corps du saint, et le replaça dans le tombeau ; mais il ne recouvra jamais la raison entière, et au bout de deux ans il perdit la vie.

A sa mort, son fils Clotaire III régna en Neustrie, avec Ebroïn pour maire du palais et sa mère Bathilde pour régente. Cette princesse gouverna avec sagesse et sut s'attirer le respect et la vénération de tous ces seigneurs grossiers, violents et farouches qui l'entouraient. Sa régence dura jusqu'en l'an 665, époque à laquelle Clotaire régna lui-même. Sainte Bathilde qui n'aimait pas cette vie de la cour et qui ne l'avait acceptée que pour le bien de son fils, se retira dans la solitude. Elle fonda alors une abbaye qui devint illustre après sa mort, l'abbaye de Chelles, qui fait aujourd'hui partie du département de Seine-et-Marne, et a donné au petit bourg de Chelles une grande réputation historique. L'établissement de cette abbaye eut lieu vers l'an 670, époque de la mort de son fils Clotaire. Elle vécut saintement dans cette retraite, donnant l'exemple de toutes les vertus. Spectacle bien grand que celui d'une femme qui, esclave dans sa jeunesse, reine par un jeu de hasard, abdique tous ces pouvoirs et ces grandeurs d'ici-bas pour prier Dieu dans le recueillement et aspirer à cette auréole de gloire, à cette couronne de lumières que Dieu donne à ses élues.

La modestie a toujours été la qualité des grandes âmes et des saints, et la prière le refuge et la consolation de ceux qui souffrent, de ceux qui préfèrent aux vanités et aux gloires passagères de ce monde, les gloires éternelles du ciel.

Sainte Bathilde mourut dans cette abbaye de Chelles l'an 685.

On célèbre sa fête le 30 janvier.

PAUL MERSAN.

LES QUATRE COINS GÉOGRAPHIQUES

Les jeux de salon sont peu nombreux et dans cette saison les soirées sont longues; souvent on est obligé de reprendre des jeux bien souvent joués, ce qui rend le plaisir moins vif.

Pour passer ces longues soirées plus agréablement, je viens offrir à mes jeunes lectrices un jeu nouveau, amusant et instructif.

Voici comment on joue à ce jeu :

Les joueurs doivent être au nombre de cinq.

On fera cinq petits bulletins portant les nos 1, 2, 3, 4, 5. Ces bulletins seront roulés, mis dans une corbeille et tirés par les joueurs.

Le no 1 se placera au milieu des autres joueurs qui se placeront indistinctement aux quatre coins.

Ce jeu pourra se jouer assis ou debout.

Le joueur qui aura le n° *deux* demandera au n° *trois* s'il veut aller en Chine; le n° *trois* devra répondre *oui*, parce que ce pays se trouve en Asie. Le n° *trois* demandera au n° *quatre* s'il veut aller en Belgique; le n° *quatre* répondra *oui*, parce que ce pays est en Europe. Le n° *quatre* demandera au n° *cinq* s'il veut aller en Egypte; le n° *cinq* répondra *oui*, parce que ce pays est en Afrique. Le n° *cinq* demandera au n° *deux* s'il veut aller visiter le Canada; le n° *deux* répondra *oui*, parce que ce pays est en Amérique.

Le jeu se continuera ainsi de manière que chaque numéro voyage à son tour. Dans le cas où un des joueurs ne pourraient pas répondre, c'est-à-dire indiquer dans quelle partie du monde se trouve le pays où on veut le faire voyager, le n° 1 devra répondre et prendre la place de celui qui n'aura pas répondu. Si le joueur du milieu (n° 1) ne pouvait pas répondre lui-même, on aurait recours à la notice qui est ci-dessous. Ces deux joueurs donneraient des gages ou des enjeux. Tous les joueurs conserveraient leurs places.

Dans une partie d'enjeux, on conviendra du prix que devra payer le joueur qui se trompera. Lorsqu'un joueur ne pourra répondre, le n° 1 placé au milieu devra faire la réponse, gagnera l'enjeu et prendra la place du perdant; ce dernïer se mettra au milieu. Lorsque le joueur du milieu (n° 1) ne pourra pas répondre, il paiera le prix convenu, ainsi que l'autre joueur; les deux mises se mettront au panier. Il en serait de même des autres coups si le cas se répétait. Ces enjeux seraient gagnés par le premier n° 1 qui répondrait.

Si ce sont des gages, le joueur qui ne pourra pas répondre donnera un gage, celui du milieu répondra et prendra la place de celui qui n'aura pas répondu. Si le joueur du milieu ne répondait pas, il donnerait un gage et garderait sa place. Les gages seront mis à part et rendus à la fin de la partie après les pénitences faites.

Tableau des pays des quatre parties du monde.

EUROPE	ASIE	AFRIQUE	AMÈRIQUE
France.	Chine.	Egypte.	Etats-Unis.
Angleterre.	Sibérie.	Nubie.	Mexique.
Turquie.	Turquie.	Abyssinie.	Pérou.
Suisse.	Arménie.	Algérie.	Colombie.
Italie.	Mésopotamie.	Empire de Maroc.	Guyane.
Portugal.	Syrie.	Sahara.	Brésil.
Belgique.	Tartarie.	Guinée.	Chili.
Pologne.	Perse.	Sénégambie.	Nouvelle Bretagne.
Russie.	Hindoustan.	Cafrerie.	Patagonie.
Autriche.	Royaume de Siam.	Nigritie.	
Prusse.	Japon.	Zanguebar.	
Suède.		Ile de Madagascar.	
Hollande.		Ile Bourbon.	
Danemarck.		Ile de Madère.	
Espagne.		Ile de France.	

Lorsque les joueurs connaîtront bien les différents pays du globe, ils voyageront dans les capitales. Les joueurs se placeront et joueront de la même manière qu'il a été indiqué ci-dessus. Le n° *deux* dira au n° *trois*, voulez-vous aller à Bruxelles ? *Oui*, répondra le n° 3, parce que cette ville est la capitale de la Belgique ; le n° *trois* dira au n° *quatre*, voulez-vous aller à Madrid ? *Oui*, répondra le n° *quatre*, parce que cette ville est la capitale de l'Espagne. Les autres numéros continueront comme il a été dit plus haut en suivant les mêmes règles.

Tableau des capitales.

CAPITALES	ROYAUMES	CAPITALES	ROYAUMES.
Paris.	France.	Téhéran.	Perse.
Vienne.	Autriche.	Caboul.	Roy. de Caboul.
Berlin.	Prusse.	Calcutta.	Inde.
Londres.	Angleterre.	Bangkok.	Siam.
Bruxelles.	Belgique.	Varsovie.	Pologne
Turin.	Italie.	Pekin.	Chine.
La Haye.	Hollande.	Constantinople.	Turquie.
Madrid.	Espagne.	Yedo.	Japon.
Dublin.	Irlande.	Le Caire.	Égypte.
Edimbourg.	Ecosse.	Gondar.	Abyssinie.
Lisbonne.	Portugal.	Maroc.	Empire de Maroc.
Copenhague.	Danemarck.	Washington.	Etats-Unis.
Stockolm.	Suède.	Mexico.	Mexique.
Saint-Pétersbourg.	Russie.	Lima.	Pérou.
Tobolsk.	Sibérie.	Rio-Janeiro.	Brésil.
Jérusalem.	Judée.	Prague.	Bohême.
La Mecque.	Arabie.		

Lorsque les joueurs auront parcouru toutes les capitales, ils viendront se reposer en France et voyageront dans les départements. Ce voyage se fera comme les autres, en suivant les mêmes règles. Le n° *deux* dira au n° *trois*, voulez-vous aller à Nantes ? *Oui*, répondra le n° *trois*, parce que cette ville se trouve dans le département de la Loire-Inférieure. Le n° *trois* dira au n° *quatre*, voulez-vous aller à Caen ? *Oui*, parce que cette ville est située dans le département du Calvados, Les autres numéros continueront comme il a été dit plus haut.

Tableau des Villes et Départements

VILLES	DÉPARTEMENTS	VILLES	DÉPARTEMENTS
Lille	Nord.	Auxerre	Yonne.
Amiens	Somme.	Vesoul	Haute-Saône.
Arras	Pas-de-Calais.	Besançon	Doubs.
Rouen	Seine-Inférieure.	Lons-le-Saulnier	Jura.
Louviers	Eure.	La Rochelle	Charente-Inférieure.
Falaise	Calvados.	Angoulême	Charente.
Saint-Lô	Manche.	Guéret	Creuse.
Alençon	Orne.	Limoges	Haute-Vienne.
Paris	Seine.	Tulle	Corrèze.

VILLES	DÉPARTEMENTS	VILLES	DÉPARTEMENTS
Versailles	Seine-et-Oise.	Clermont-Ferrand	Puy-de-Dôme.
Melun	Seine-et-Marne.	Aurillac	Cantal.
Beauvais	Oise.	Lyon	Rhône.
Laon	Aisne.	Montbrison	Loire.
Reims	Marne.	Bordeaux	Gironde.
Chaumont	Haute-Marne.	Périgueux	Dordogne.
Troyes	Aube.	Cahors	Lot.
Mezières	Ardennes.	Agen	Lot-et-Garonne.
Epinal	Vosges.	Rhodez	Aveyron.
Nancy	Meurthe.	Mont-de-Marsan	Landes.
Metz	Moselle.	Auch	Gers.
Bar-le-Duc	Meuse.	Tarbes	Hautes-Pyrénées.
Colmar	Haut-Rhin.	Pau	Basses-Pyrénées.
Strasbourg	Bas-Rhin.	Foix	Ariège.
Rennes	Ille-et-Vilaine.	Perpignan	Pyrénées-Orientales.
Nantes	Loire-Inférieure.	Toulouse	Haute-Garonne.
Vannes	Morbihan.	Alby	Tarn.
Saint-Brieuc	Côtes-du-Nord.	Montauban	Tarn-et-Garonne.
Quimper	Finistère.	Carcassonne	Aude.
Laval	Mayenne.	Montpellier	Hérault.
Le Mans	Sarthe.	Nîmes	Gard.
Angers	Maine-et-Loire.	Mende	Lozère.
Tours	Indre-et-Loire.	Privas	Ardèche.
Orléans	Loiret.	Le Puy	Haute-Loire.
Chartres	Eure-et-Loir.	Valence	Drôme.
Blois	Loir-et-Cher.	Grenoble	Isère.
Poitiers	Vienne.	Gap	Hautes-Alpes.
Niort	Deux-Sèvres.	Marseille	Bouches-du-Rhône.
Napoléon-Vendée	Vendée.	Draguignan	Var.
Châteauroux	Indre.	Digne	Basses-Alpes.
Bourges	Cher.	Avignon	Vaucluse.
Nevers	Nièvre.	Ajaccio	Corse.
Moulins	Allier.	Nice	Alpes-Maritimes.
Dijon	Côte-d'Or.	Grasse	Alpes-Maritimes.
Mâcon	Saône-et-Loire.	Chambéry	Savoie.
Bourg	Ain.	Annecy	Haute-Savoie.

On pourra aussi consulter la carte de France et la Mappemonde.

Ce jeu, bien dirigé, peut laisser dans la mémoire des enfants des notions géographiques très-utiles et qui leur serviront lorsqu'ils feront des études plus sérieuses.

H. Duru.

Le Directeur : H. DURU.

PARIS. — IMPRIMERIE ÉMILE VOITELAIN ET COMP., RUE JEAN-JACQUES-ROUSSEAU 15

N° 14   Prix : 50 c.   1ᵉʳ Mars 1864

LA POUPÉE

RECUEIL DE TOUS LES TRAVAUX DES PETITES DEMOISELLES

JEUX, IMAGES, MUSIQUE, DESSIN ET LECTURES AMUSANTES

Paraissant le 1ᵉʳ et le 16 de chaque mois

Bureau de Rédaction et d'Abonnements chez M. H. Dunu, rue d'Enfer, 126, Paris.
Prix de l'Abonnement : Paris, un an 10 fr.; six mois 6 fr.
Départements, un an 13 fr.; six mois 7 fr. — Étranger, un an 15 fr.; six mois 8 fr.
On s'abonne aussi, chez M. Saussine, rue du Cloître-St-Jacques, 10, près la rue St-Denis;
à la Mère de Famille, rue Tronchet, 18.

PRIME. — On donne pour un abonnement d'un an une magnifique boîte, soit : mercerie ou tapisserie, jeux, loteries, toilette de la poupée, etc.
Le même journal, une fois par mois : Paris, 5 fr.; départements, 7 fr.; étranger, 10 fr.

LE GÉANT CARADABROS

CONTE FANTASTIQUE.

(Suite)

On partit vers la prairie. En arrivant, on entendit un bruit de marteaux, de planches, un bruit de maçons, de charpentiers. On ne voyait aucun ouvrier, aucun instrument, aucune ombre visible, et cependant on creusait, on frappait, on bâtissait.

Corbeau Couak fit entendre un petit rire étouffé et dit :

— Tiens, nous sommes prévenus; je soupçonne fortement maître Kold de faire des siennes.

— Tu as raison, frère Couak, répondit la voix fraîche et riante du lutin Kold, qui, approchant aussitôt, devint visible aux yeux de Benoist. Puis il ajouta : — J'ai deviné votre idée, car j'étais en pensées avec vous, et je supposais que vous cherchiez à récompenser Benoist et Jeanne de leurs malheurs immérités. Mes ouvriers marchent bien, et dans quelques heures la maison sera en état de recevoir son maître et ma gentille petite Jeanne. Et comme il faut à Benoist quelques avances pour monter son ménage, je lui rapporte ce sac d'argent qu'il avait caché derrière son bahut et que Caradabros n'a pu retrouver.

— Bien, mon fils Kold ; bien, dit Couak.

— Très-bien, mon ami Kold, dit Fée Bichette en tendant la main au petit génie.

On entra dans la maison et on la visita dans tous ses détails. Benoist donna son opinion, fit ses remarques, et aussitôt les ouvriers défaisaient leur ouvrage et construisaient selon le goût du bûcheron. Il n'avait qu'à parler et tous ses souhaits étaient accomplis.

Jeanne demanda des jouets, de beaux joujoux. Aussitôt Reine-des-Prés parut, embrassa sa filleule et, faisant un signe, des mains invisibles déposèrent aux pieds de Jeanne, sur son petit lit, sur une table, des jeux de toutes sortes, nombreux, variés, plus beaux les uns que les autres, et qui arrachèrent à l'enfant des cris de joie. Jeanne remercia bien gentiment sa bonne marraine et se mit à danser autour de ses joujoux en prenant une belle poupée dans ses bras et lui faisant des caresses.

Comme l'avait dit Kold, la maison fut rapidement construite, et Benoist s'y installa le jour même, se promettant de mieux veiller sur l'ennemi. Les génies, ses protecteurs, passèrent la soirée chez lui, se reposèrent autour d'un bon feu, devisèrent comme autrefois, le jour de la naissance de Jeanne ; puis, au milieu de la nuit, lui dirent adieu et partirent en lui promettant de fréquentes visites pour éloigner toute espèce de danger, — ce que cependant Couak ne pouvait pas admettre ; car il pensait, par sa ruse adroite, avoir trompé le cruel Caradabros.

Mais Couak, pour une personne si sage, si expérimentée, était dans l'erreur ; car il est fort difficile d'empêcher l'Esprit du mal d'arriver à son but, et sa persévérance et sa patience surmontent tous les obstacles.

IV

Six ans se passèrent, et Benoist, devenu laboureur, prospérait dans sa nouvelle profession. Le ciel, qui le bénissait, lui avait accordé d'autres enfants, et Jeanne, l'aînée, avait alors onze ans. Grande et belle fille pour son âge, elle servait de mentor à ses petits frères, veillait au ménage et aidait sa mère dans les soins dont il fallait entourer les plus petits. La fée Reine-des-Prés les venait souvent voir et apportait toujours quelque jolie fleur ou quelque jeu nouveau.

Six ans se passèrent donc depuis l'incendie, et Benoist se croyait tout à fait oublié du géant. Vain espoir ! — Pendant ces six ans, Caradabros avait cherché avec patience , persévérance ; soutenu dans cette recherche laborieuse, fatigante, par son désir de vengeance. Mais, ainsi quel'avait fort justement pensé Couak, le géant avait fouillé, fureté partout, excepté dans le seul lieu, le seul pays où il eût pu trouver Benoist. Les Esprits secondaires qui lui obéissaient, les mauvais lutins, les loups-garous ses esclaves parcouraient la terre entière, traversaient les forêts, les plaines, les vallons, gravissaient les montagnes, suivaient le cours des ruisseaux, des rivières, des fleuves, franchissaient les mers, et point ne trouvaient Benoist et la gentille Jeanne.

— Oh! qu'ils me donnent de peine les misérables, s'écriait le géant, s'arrachant les cheveux de fureur. Plus je tarderai à les trouver et plus grande, plus violente, plus terrible, plus horrible sera ma vengeance. Dussé-je mettre la terre à feu et à sang, couvrir les mondes de misères, de désolation, de pleurs, de cris de désespoir, j'écraserai cette race de vipères qui s'est jouée de moi, m'a empêché de dévorer Bichette. Ah! fée Bichette, que j'eusse été heureux de te manger, et comme j'eusse fait ensuite du mal tout à mon aise! Ah! comme il est doux de faire le mal! Mais patience!... patience!!... patience!!!...

Et pendant ce temps-là Benoist dormait tranquillement, — Jeanne était heureuse au milieu des jolis rêves que lui donnait Reine-des-Prés sa marraine. Pauvre enfant!... Pauvre colombe que le vautour cherchait à dévorer!

Enfin, un jour vint où Caradabros eut un sourire de bonheur. Son cœur s'épanouit dans l'espérance du mal comme une âme honnête au souffle d'une bonne pensée, et il s'écria :

— Qui aurait pu se douter d'une ruse pareille! Je te revaudrai ce tour-là, notre ami Couak... Mais je les tiens, et, pour le moment, c'est le principal.

En effet, le géant venait d'apprendre le lieu où vivaient ignorés, cachés, Benoist et sa famille. Un de ses génies familiers, plus fin, plus rusé que les autres, fatigué de ses voyages et de ses pérégrinations inutiles, de ses courses infructueuses, s'était imaginé de vêtir une forme humaine et de visiter le pays où, comme laboureur, Benoist avait longtemps vécu. Il espérait avoir quelques renseignements. Il avait causé, parlé sans affectation, écouté les propos, les remarques d'un chacun.

Ayant eu quelques doutes, quelques soupçons, il entra chez Benoist, se fit agréer comme valet de ferme, resta chez lui plusieurs semaines et parvint à lui arracher une partie de son secret.

Fier de son succès, il s'esquiva une nuit en prenant la forme, l'ombre, la légèreté d'une vapeur, se glissa dans un nuage que le vent emportait, et revint trouver son maître Caradabros. Il lui conta son voyage.

Le géant partit lui-même pour visiter Benoist, le reconnut, reconnut aussi Jeanne.

— Bien, dit-il à son fidèle esclave ; bien, je te récompenserai. Maintenant, avisons à notre vengeance ; qu'elle soit digne de moi... A nous deux, notre ami et notre bon frère Couak.

V

Un matin donc, Caradabros se mit en voyage. Il avait le même air, la même tournure que nous lui connaissons. A sa ceinture pendait son bâton noueux, énorme comme une massue. Sur son dos était la Souris blanche, dont les yeux brillaient dans l'obscurité des nuits comme deux charbons ardents. Mais dans ses mains il tenait maintenant son flageolet noir, et il jouait un air doux, mélancolique. Chacune de ses notes était une mélodie, mélodie étrange, indéfinissable, qui agitait l'âme, l'esprit, attirait les cœurs et faisait circuler chez tous ceux qui l'écoutaient un trouble bizarre, poignant, terrible. En entendant cette musique, on était ému, on souffrait ; on aurait voulu être sourd, ne plus l'écouter, et à chaque instant on craignait de ne plus l'entendre. Les arbres semblaient frissonner aux accents de ce flageolet et penchaient leurs branches, leurs rameaux, leurs feuilles, comme s'ils eussent voulu suivre le joueur inspiré, comme s'ils eussent craint de perdre une note, une seule note ! Les pierres semblaient tressaillir et la terre se soulevait sous les pas du musicien.

Les oiseaux passaient et repassaient autour de lui frémissant, s'agitant, battant de l'aile, criant, piallant, gazouillant, puis semblant écouter dans un religieux silence.

Mais l'effet de cette musique devenait terrible sur eux ; car ils ne tardaient pas à cesser leurs mouvements, ils penchaient la tête, fermaient les yeux, puis tombaient sur le sol comme foudroyés. — L'air ne pouvait plus les porter. L'air était devenu lourd, pesant, une chaleur étrange s'y faisait sentir ; pas un nuage au ciel, pas un souffle de vent, pas une brise, pas un murmure dans cet air.

Un soleil rouge, brillant, lumineux comme une boule de feu dans l'obscurité, jetait ses rayons ardents et éclairait d'une façon fantastique, terrible, tous les objets : — montagnes, vallons, plaines, arbres, arbustes, pierres et les êtres animés.

Le Géant jouait toujours et toujours il marchait aux sons de cette musique, dont l'énergie par instants s'augmentait. Alors ces mélodies n'étaient plus douces, plus mélancoliques ; elles devenaient guerrières, entraînantes, sinistres. Puis peu à peu elles s'apaisaient, s'adoucissaient, et des lèvres du musicien sortaient des sons enchanteurs, d'un rhythme gracieux, ravissant, des harmonies célestes qui jetaient l'âme dans un doux émoi, dans une douce quiétude, une torpeur indéfinissable.

Et en jouant ainsi, il marchait, marchait comme le Juif-Errant. Il franchissait les ravins, les précipices, traversait les montagnes, les plaines, passait à travers les mers les plus profondes, et derrière lui était une foule étrange, une foule de petits enfants de toute taille, de toute couleur, de tout vêtement. Et encore derrière cette foule d'enfants on voyait une autre foule de femmes, de mères de famille, qui les bras tendus, les yeux suppliants et pleins de larmes, se lamentant, appelaient leurs enfants. — C'était un spectacle déchirant.

Mais les enfants ne répondaient point. Sérieux, graves, attristés, se tenant par la main, les regards fixés sur le musicien. l'oreille attentive, poussés par une force invisible, une attraction, une sympathie mystérieuse, ils marchaient tantôt lentement, tantôt vite, selon les sons doux ou précipités de la musique. Leurs pieds étaient couverts de poussière, et ils ne sentaient point la fatigue.

Non plus ne répondait pas le Géant. Il jouait et jouait toujours dans son flageolet noir; parfois il détournait la tête contemplant cette foule, et un sourire sinistre éclairait sa physionomie cruelle.

— Ça va bien, ça va bien, disait-il, je suis content de moi.

C'était là sa vengeance. Certes, elle était terrible, diabolique.

Ce flageolet noir, présent infernal de son père le dieu du Mal, attirait à lui ceux qui l'entendaient, les petits enfants surtout. Mus par une force inconnue, attirés par une attraction dont ils ne pouvaient se rendre compte ni leurs mères non plus, ils quittaient tous leurs jeux, leurs parents. Ils partaient se joindre au musicien.

Ce flageolet s'entendait de très loin, et de très loin on voyait des bandes d'enfants, accourir, passant eux aussi les montagnes, les plaines, pour rejoindre le musicien enchanté.

On ne pouvait les retenir, les arrêter. — Derrière eux arrivaient, accourraient les mères qui ne pouvaient se résoudre à perdre leurs enfants.

Par cet infernal moyen Caradabros comptait se rendre maître de Jeanne et de ses frères, puis retourner dans le palais horrible où il habitait. Tous ces pauvres enfants devaient mourir, les uns noyés, les autres brûlés, les autres dévorés par ses mauvais lutins, ses loups-garous.

Il voyageait ainsi depuis trois jours. Au soir de ce troisième jour il était tout près de la maison de Benoist, à deux ou trois lieues seulement. Les enfants du laboureur jouaient sur la porte, aux derniers rayons du soleil. Jeanne assise près d'eux les surveillait. Tout à coup ils s'arrêtèrent, et un certain frémissement commença à les agiter. Ils prêtèrent l'oreille et au loin entendirent quelques sons vagues, étouffés, qui peu à peu devenaient distincts. — « Quelle belle musique, s'écria le petit Jean ! allons donc l'écouter. » Et ils partirent en courant.

— Où allez-vous, leur dit Benoist.

— Nous allons écouter la musique, père, répondit le petit Jacques.

— Allez et revenez vite, ajouta Benoist. — Jeanne va avec tes frères.

Et Jeanne partit, sautant, riant, chantant. — Plus ils approchaient, plus la musique leur semblait belle, et déjà dans le lointain à travers les arbres, ils apercevaient une foule énorme, immense, et devant elle un homme grand à longue barbe et jouant d'un instrument. C'était celui dont le son les ravissait.

Les pauvres enfants étaient perdus, hélas ! si Reine-des-Prés ne s'était trouvée là.

Depuis le matin, la petite fée Reine-des-Prés était inquiète. Tout lui semblait extraordinaire : l'air pesant et chaud, cette agitation des arbres, ce frémissement des pierres, cette mort subite des oiseaux. Puis elle avait vu descendant d'une haute montagne le géant Caradabros jouant du flageolet noir, et suivi de plusieurs milliers d'enfants. Elle le rejoignit et invisible sembla le suivre, épiant ses démarches, écoutant ses paroles, suivant d'un œil curieux, triste, ému, ces enfants qui allaient silencieux, se tenant par la main.

Elle entendit ces paroles que murmurait Caradabros.

— Ça va bien, ça va bien, je suis content de moi.

Elle comprit, devina tout. Elle partit aussitôt et vint trouver fée Bichette.

— Alerte, fée Bichette, voici le Géant, et elle conta tout à fée Bichette, qui tressaillit, devint pâle et murmura : « *Pauvre Jeanne !* »

Fée Bichette courut chez le lutin Kold.

— Alerte ! lutin Kold, alerte ! voici le Géant.

Lutin Kold partit trouver Cri-Cri, qui se promenait dans la prairie, se réchauffant au soleil, en compagnie d'un gros lézard auquel il contait quelque aventure.

— Alerte ! Grillon Cri-Cri, alerte ! voici le Géant.

Aussitôt Cri-Cri dit adieu à son vieil ami le lézard et suivit Kold. Quelques instants après ils étaient tous quatre réunis, cachés dans une fleur de lys du jardin de Benoist et tenaient conseil.

— Où est donc Couak, dit *Fée-aux-Bleuets*.

— Il est parti il y a quelques jours pour les lointains pays du Nord, sa santé l'exigeait ; comme vous le savez, il y va tous les ans dans cette saison, répondit Cri-Cri.

— Il faut le faire revenir de suite, répliqua la fée.

— Je m'en charge, dit le lutin Kold en se levant. Nous revenons immédiatement. Il partit.

Pendant ce temps, la fée Bichette et ses amis toujours invisibles, se mirent à voltiger sur la route au-devant de Caradabros. Reine-des-Prés se pencha vers Jeanne, qui marchait vers la musique enchantée et lui mit dans la main un peu de coton. — Ma filleule, dépêche-toi, murmura-t-elle, mets ce coton dans tes oreilles et dans ceux de tes frères. — Jeanne obéit. — il était temps.

En ce moment, le Géant arrivait rapidement, avec fracas. La terre tremblait sous ses pas. Il venait d'apercevoir les enfants de Benoist et les pensait déjà en sa possession, il ne se sentait pas de joie. La musique devenait plus vive, plus énivrante. Il jouait ses plus joyeuses fanfares. Il riait et répétait presque à haute voix :

— Ça va bien, ça va bien, je suis content de moi.

Il passa devant Jeanne ; mais celle-ci ne bougea pas ; — ses frères non plus. — Le coton qu'ils avaient dans les oreilles les préservait et avait détruit tout le charme, toute la magie de cette musique.

Curieux, étonnés, se tenant aussi par la main, ils regardaient ce spectacle bizarre, sans le comprendre.

PAUL MERSAN.

(La suite au prochain numéro.)

Patron d'une robe fantaisie pour une poupée de 45 centimètres de hauteur.

Costume :

Chapeau de paille Garibaldi, plume blanche et fleurs ; deux choux sur les tempes.

Souliers à boucles. — Corsage plat, ceinture russe, manches bouillonnées.

Manches. — Un poignet en bas des manches pour assurer les plis. Il faut contrarier les plis de la manche, c'est-à-dire qu'il faut un crevé en bas et un bouillon en haut. Une bordure sur le poignet.

Corsage. — Le bord du corsage bordé d'un lacet et deux rangées de soutaches.

Ceinture. — Bordée comme le corsage.

Poches. — Bordées comme la ceinture ; un petit chou dans le haut de la poche.

Le bas de la jupe bordé avec deux rangs de soutache.

La Prière

Elan sacré de l'âme, ô divine prière
Comme un rayon du ciel tu viens nous consoler,
Tu répands sur ta trace un baume salutaire,
Un suave parfum semble s'en exhaler !
Il laisse dans nos cœurs une douce espérance,
Présent venu du ciel, qui calme la souffrance :
C'est alors, ô mon Dieu ! que l'homme s'attendrit
Et des pleurs dans les yeux, mille fois te bénit.

Sitôt que du malheur l'homme sent les atteintes,
Alors vers l'Éternel il dirige ses vœux,
Dans une humble prière, il exhale ses plaintes ;
Un ange les reçoit pour les porter aux cieux.
Près du lit de son fils, la mère en sa douleur,
Hélas ! n'a qu'un recours : c'est l'ardente prière,
Pour conserver encor l'objet de son bonheur
Et le seul, bien souvent, qui l'attache à la terre !

Comtesse CHALESKA.

La mort est venue nous enlever notre ami et collaborateur, Mercereau (Cam) ; cette perte cruelle ne nous permet pas de continuer, dans le numéro d'aujourd'hui, le cours de dessin, qu'il traitait avec une rare distinction de talent et une connaissance profonde des besoins de l'enfance.

Nous espérons pouvoir bientôt reprendre le cours de dessin ; déjà nous sommes en pour-parler avec un artiste de mérite.

Nous réclamons l'indulgence de nos abonnés pour le retard que nous mettons dans l'envoi de leurs numéros ; la mort de notre dessinateur et d'autres circonstances nous ont mises dans l'impossibilité de les satisfaire plus tôt.

H. DURU.

Le Directeur : **H. DURU.**

Paris. — Imp. Émile Voitelain et Cᵉ, rue J.-J. Rousseau, 15

N° 15 **Prix : 50 c.** **16 Mars 1864**

LA POUPÉE

RECUEIL DE TOUS LES TRAVAUX DES PETITES DEMOISELLES

JEUX, IMAGES, MUSIQUE, DESSIN ET LECTURES AMUSANTES

Paraissant le 1ᵉʳ et le 16 de chaque mois

Bureau de Rédaction et d'Abonnements chez M. H. Duru, rue d'Enfer, 126, Paris.
Prix de l'Abonnement : Paris, un an 10 fr.; six mois 6 fr.
Départements, un an 13 fr.; six mois 7 fr. — Étranger, un an 15 fr.; six mois 8 fr.
On s'abonne aussi chez M. Saussine, rue du Cloître-St-Jacques, 10, près la rue St-Denis;
à la Mère de Famille, rue Tronchet, 18.

PRIME. — On donne pour un abonnement d'un an une magnifique boîte, soit : mercerie ou
tapisserie, jeux, loteries, toilette de la poupée, etc.
Le même journal, une fois par mois : Paris, 5 fr.; départements, 7 fr.; étranger, 10 fr.

LE GÉANT CARADABROS

CONTE FANTASTIQUE.

(Suite)

Caradabros commença à s'étonner de ne les point voir se réunir à la foule
des enfants qui le suivaient. Il redoubla les accents de sa musique, pour jouer
les mélodies les plus douces, les plus suaves qu'il pût inventer; mais Jeanne
ne bougeait pas.

Ça va mal, ça va mal, murmura-t-il, ça va mal.

Il s'arrêta, les enfants l'entourèrent en cercle et il se mit encore à jouer des
airs nouveaux. Mais c'était inutile, car Fée-aux-Bleuets veillait, et Jeanne
n'entendait point la musique, ne subissait aucune attraction, n'était entrainée
par aucun charme.

Caradabros devint furieux, il soupçonna qu'il était surveillé, épié et dé-
joué par la Fée Bichette.

Par les cornes de mon père, s'écria-t-il, je vous retrouverai donc toujours
sur mes pas; mais patience! j'ai plus d'un tour dans mon sac à malices,
ajouta-t-il en ricanant.

Peut-être, murmura une voix à son oreille.

C'était Grillon Cri-Cri qui le narguait.

Peut-être, riposta Caradabros ; nous allons voir.

Aussitôt il prit sa souris blanche dont les yeux brillaient dans l'obscurité comme deux charbons ardents :

— Va, petite souris, dit-il, et fait ton devoir.

— Cette souris était-elle aussi un génie familier du Géant, génie méchant, cruel peut-être, plus cruel que son maître. Elle exécutait les tours les plus curieux, les plus rares, et dès qu'on l'avait vue on se sentait plus charmé, plus séduit, plus attiré peut-être que par le flageolet.

Elle commença à danser, et Jeanne s'avança en souriant pour la mieux voir.

Elle continua à danser, sauter, et les petits frères s'avancèrent à leur tour. Ils étaient déjà dans le cercle et la souris tournait autour d'eux décrivant des lignes bizarres qui les entouraient. Ils baissaient la tête, frissonnaient ; leurs petites mains se penchaient vers la souris comme pour la saisir, et la souris continuait à faire ces cercles bizarres, de plus en plus petits et se rapprochait d'eux.

Caradabros souriait et murmurait :

Ça va bien, ça va bien ; je les tiens maintenant. Ma peine ne sera pas perdue. Viens donc me les enlever si tu peux, notre ami Couak.

En ce moment, une bande de corbeaux parut à l'horizon. En deux coups d'ailes elle passa sur la foule des enfants et l'un d'eux tomba comme une masse dans le cercle, en s'écriant :

« Me voilà, notre ami Caradabros. »

D'un coup de bec il enleva la souris blanche et partit avec elle.

A cette vue Caradabros, jeta un cri de rage, de fureur, de désespoir impossible à décrire. Il était effrayant à voir. La mort de la souris avait rompu le charme.

Maintenant, les enfants effrayés se reculaient, se débandaient, allaient de tous les côtés appelant leurs mères, et Jeanne entraînait ses petits frères et fuyait vers la maison de son père.

Le Géant ne put supporter ce dernier coup.

Oh ! ma vengeance ! oh ! ma vengeance ! s'écria-t-il. Oh ! vous ne m'échapperez pas, mes petits bijoux, ajouta-t-il en sanglotant de rage ; je vais vous broyer dans mes dents, vous dévorer, vous anéantir.

En disant ces mots, sa forme de géant disparut et se changea en loup blanc. Puis, poussant un hurlement effrayant, hurlement qui fit tressaillir et trembler la terre sur ses fondements, il courut après Jeanne.

Fée Bichette qui voyait toute cette scène, s'écria : Mon frère Couak, viens à notre secours.

Aussitôt un grand bruit se fit entendre dans les airs et un oiseau énorme, aux puissantes envergures, aux serres crochues, aïgues, au bec recourbé, acéré, descendit avec une vitesse effrayante, vertigineuse et vint se planter sur la tête du Loup Blanc.

C'était le corbeau Couak qui après avoir dévoré la Souris Blanche, avait entendu le cri de détresse de Fée Bichette et avait pris la forme, la figure d'un aigle.

Mais il était temps qu'il arriva, car d'un seul saut le Loup Blanc était arrivé sur Jeanne, l'avait renversée, et ses dents longues, pointues, cherchaient la place de son cœur pour l'arracher vivant.

Alors commença un combat redoutable, terrible. Tous tremblaient, même Fée Bichette qui avait les larmes aux yeux, et disait d'une voix triste :

Pourquoi faut-il que le mal soit si puissant ! Je te plains, Caradabros, mais tu l'as voulu !

Sur un signe d'elle, le Lutin Kold avait enlevé Jeanne qui était évanouie et l'avait emporté chez son père. Le combat dura longtemps.

Enfin, l'aigle parvint à crever les yeux du Loup Blanc, puis lui brisa le crâne avec son bec crochu.... et quelques instants après le Loup Blanc poussant un dernier hurlement, hurlement plaintif, de douleur, de désespoir, tomba inanimé, ne donnant plus signe de vie. Il était mort, bien mort.

Aussitôt Couak reprit sa forme habituelle de corbeau et se mit à rire silencieusement selon sa coutume.

« Bien joué ! bien joué, dit-il aux compliments que tous lui adressaient. » Je te remercie, dit la Fée aux Bleuets, je te remercie, mon bon frère Couak, tu nous as rendu un grand service. Les cruautés de Caradabros nous faisaient de la peine, mais je n'aurai pas eue le courage d'agir comme toi ; mon cœur répugne à l'idée de faire souffrir les autres ; je suis heureuse de savoir que Caradabros sera longtemps sans commettre de mauvaises actions, mais sa punition m'afflige car il sera malheureux maintenant.

Chère sœur, répondit Couak, il faut toujours être bien doux, patient, mais il y a des circonstances où il faut agir froidement. Je suis affligé de ce châtiment que j'ai été forcé de faire subir au Géant Mais hélas ! c'est lui, lui seul qui l'a voulu.

Après cet entretien et d'autres semblables qui sont inutiles à rapporter, la Fée Bichette renvoya tous les enfants chez eux. Par la force de sa volonté, ils furent rendus tous le soir même dans leur pays, et leur présence rendit le bonheur et la joie à leurs parents qui les pleuraient et les croyaient perdus.

Puis, les bons génies allèrent chez Benoist qui les reçut avec les plus vives démonstrations de joie.

Ce soir là, il y eut bon feu chez le laboureur Benoist. On devisa, on causa longtemps.

Maintenant, dit Fée Bichette au dessert, vivez heureux, mes amis, Caradabros ne vous tourmentera plus. Il est mort pour le monde pendant mille ans. Son âme en peine va errer dans toutes les sphères, dans les étoiles, dans tous les globes célestes. Espérons que cette expiation le corrigera. Et toi, ma petite Jeanne, songe toujours à nous ; nous te soutiendrons dans la vie, mais rappelle toi qu'ici-bas, comme après la mort, la vertu, la charité sont toujours récompensées, et le vice et les mauvaises actions sont chatiées et sévèrement punis.

FIN

PAUL MERSAN.

LA FÉE GATEAU

Emma était la fille d'un pauvre bûcheron de la Forêt-Noire. Un jour, sa mère l'envoya porter à dîner à son père qui travaillait dans la forêt. Comme elle avait une lieue à faire pour trouver son père, elle s'arrêta à moitié chemin pour se reposer. Elle s'était assise sous un arbre et s'apprêtait à manger un morceau de pain que sa mère lui avait donné pour son dîner, lorsqu'elle vit près d'elle une pauvre vieille femme bossue qui lui demanda à manger. Emma lui dit qu'elle était bien pauvre, que la soupe qu'elle portait était pour son père et qu'elle ne pouvait disposer que du morceau de pain qu'elle mangeait, mais qu'elle lui offrait de bon cœur. La vieille femme accepta le morceau de pain noir d'Emma et le mangea avec beaucoup d'appétit. Lorsque ce frugal repas fut terminé, elle remercia Emma et lui dit :

— Vous êtes une bonne petite fille ; je veux vous donner quelque chose pour le morceau de pain que vous m'avez donné de si bon cœur.

En disant ces mots, la bonne femme ramassa une miette de pain qu'elle avait laissé tomber, la toucha avec le bout d'une petite baguette qu'elle portait à la main, et la miette de pain se changea aussitôt en un joli petit gâteau d'une forme merveilleuse et d'un aspect si appétissant qu'en le voyant on désirait le croquer. C'était bien ce que voulait faire la petite Emma ; mais la bonne vieille l'arrêta en lui disant :

— Ce petit gâteau est d'un goût délicieux, mais il vous est défendu de le manger; vous pouvez lui demander tout ce que vous voudrez, à l'instant vous l'aurez.

En achevant ces mots, la vieille femme disparut.

Emma, après avoir longtemps regardé son petit gâteau, le mit dans son panier et alla porter la soupe à son père, à qui elle raconta son aventure. Le père d'Emma, voulant éprouver la vertu du gâteau, dit à sa fille de lui demander un bon dîner. Emma avait à peine fait ce souhait qu'elle vit le petit gâteau s'agiter un instant, s'entr'ouvrir et laisser sortir une troupe de cuisiniers, marmitons, etc., qui s'empressèrent de servir un magnifique dîner sur l'herbe.

Le repas terminé, Emma ordonna à son petit gâteau de faire disparaître les restes du dîner. Le même phénomène se renouvela; le petit gâteau s'agita, s'entr'ouvrit, cuisiniers et marmitons disparurent.

Emma quitta son père en lui promettant un bon souper lorsqu'il rentrerait.

Emma était une bonne petite fille, mais un peu gourmande; en marchant, elle regardait toujours son petit gâteau. Pour mieux l'admirer, elle s'arrêta; elle se dit alors qu'elle pourrait bien lui demander quelques bonnes friandises. Elle chercha quelques secondes dans sa tête pour trouver le gâteau le plus friand; alors, toute joyeuse, elle lui demanda *une meringue*. Notre petite gourmande ne s'en tint pas à la meringue; elle demanda beaucoup d'autres friandises. En admirant tous ces beaux petits gâteaux, elle se disait qu'il lui serait bien agréable de vivre au milieu de toutes ces bonnes choses, et que, pour être heureuse, il faudrait qu'elle eût toujours mille friandises autour d'elle. Ce fut alors qu'il lui vint dans l'esprit de demander *un palais en sucre* avec des escaliers en nougat, des fenêtres en croquets, des meubles en chocolat, des portes en pralines, un buffet en confitures et des verres en dragées. Jamais joie ne fut plus grande que celle qu'éprouva Emma en voyant devant elle le superbe palais qu'elle venait de demander. Elle ne pouvait se lasser de l'admirer. Enfin, elle entra dans ce palais, bâti de tout ce qu'elle aimait. Toute la journée, elle se promena dans son palais, mangeant par ci par là des croquets, des pralines et mille autres friandises.

Un jour qu'elle était retirée dans sa chambre à coucher, qui était tapissée de miel, de galettes, de caramel, de compote d'abricots, de masse-pain, elle se sentit fatiguée de toutes ces bonnes choses, et il lui prit fantaisie de regarder le petit gâteau que lui avait donné la bonne vieille femme. Ce petit gâteau, comme je l'ai dit, était si appétissant qu'elle ne put résister au désir d'y goûter.

A peine en eut-elle mangé que le palais disparut.

Alors elle se mit à pleurer bien fort; mais ses larmes ne pouvaient ramener son bon palais.

Quand elle eut pleuré longtemps, elle réfléchit alors à sa gourmandise, et elle comprit qu'elle aurait pu mieux faire que de demander un palais de friandises. Elle se reprochait amèrement de ne pas être rentrée chez ses parents et de ne pas avoir employé son gâteau à secourir les malheureux.

Le palais disparu, notre petite Emma restait aussi pauvre qu'avant. Elle était donc là, seule dans la forêt, livrée à toute l'amertume de ses regrets et ne sachant de quel côté diriger ses pas. Depuis deux jours elle errait ainsi dans la forêt, mangeant quelques fruits sauvages et n'ayant plus d'espoir de revoir ses parents. Le soir du deuxième jour, elle se trouva tellement brisée par la faim et la fatigue, qu'elle se laissa tomber au pied d'un arbre, bien persuadée de mourir à cette place.

Il y avait à peine cinq minutes qu'Emma était au pied de l'arbre, lorsqu'elle vit la forêt s'éclairer tout à coup. et, devant elle, elle vit un superbe palais. Elle s'en approcha et vit écrit sur la porte : *Palais de la fée Gâteau.*

Ce palais était si beau qu'Emma fut longtemps avant d'oser y entrer. Mais, poussée par la faim, elle s'y décida. Elle trouva d'abord une grande cour; au fond de cette cour se trouvait un escalier en marbre blanc; arrivée en haut de l'escalier, elle vit une salle magnifique au milieu de laquelle était une table couverte des mets les plus exquis. Dans un coin de la salle se trouvait une petite table sur laquelle était un *petit pain noir* et une *cruche d'eau.*

Emma attendit longtemps, espérant qu'il viendrait quelqu'un; mais personne ne se présenta.

Le malheur avait si bien corrigé Emma, qu'elle n'eut pas un instant l'idée de toucher à toutes les bonnes choses qui étaient sur la grande table. Elle s'assit à la petite table et prit le pain noir.

Mais sa surprise fut grande lorsqu'à la place du pain noir elle vit un *petit gâteau* semblable à celui qu'elle avait mangé et la bonne vieille de la forêt assise devant elle.

Emma se jeta à ses genoux, la pria de lui pardonner et lui promit de ne plus être gourmande.

La bonne vieille lui dit :

— Je suis la fée Gâteau; j'ai voulu t'éprouver une seconde fois; tu as été assez sage pour sortir victorieuse de cette épreuve; pour te récompenser, je te donne ce petit gâteau qui a la même vertu que le premier; tu peux lui demander ce que tu voudras.

Emma, au comble de la joie, demanda à son petit gâteau de voir ses parents. Son désir fut satisfait à l'instant, et tout le monde se mit à la grande table.

La fée Gâteau, qui avait repris son costume de fée, fit les honneurs de son dîner avec beaucoup de grâce et fit cadeau de son palais à Emma.

Depuis ce jour, Emma, entièrement corrigée de sa gourmandise, ne se sert plus de son petit gâteau que pour faire du bien aux malheureux.

Comtesse CHALESKA.

Patron d'une robe de chambre princesse.

Nous donnons un côté du devant d'une robe de chambre princesse.

Mettre le patron sur l'étoffe, l'assurer avec des épingles et couper en suivant exactement la grandeur du patron.

Pour le second côté, il faut retourner le patron et le couper comme il vient d'être dit.

Le derrière de la jupe doit être coupé en biais de manière à venir rejoindre le derrière des côtés.

Le derrière de la jupe doit être coupé de manière à donner 90 centimètres de tour à la jupe.

Dos ordinaire, fermé.

Sur le devant du corsage, mettre cinq boutonnières garnies d'étoffe écossaise coupée en biais.

Garnir le devant de la jupe et le bas en étoffe écossaise coupée en biais.

GALERIE DES SAINTES ET FEMMES ILLUSTRES

SAINTE CATHERINE

Vierge et martyre, cette sainte femme vivait, selon les témoignages les plus positifs, vers le commencement du IV⁰ siècle. Elle avait une instruction au-dessus de son sexe. Mais à cette instruction profane elle alliait une grande vertu, des connaissances religieuses qui faisaient espérer à ceux qui l'entouraient une gloire de plus, une auréole brillante dans la grande armée des saints et des saintes femmes qui sont l'orgueil de l'Église. L'empereur, qui l'estimait beaucoup, voulut la convertir à sa religion et envoya vers elle de savants philosophes. Elle discuta avec eux, et, au lieu d'être convertie par ces hommes, ce fut elle qui les fit abjurer leurs erreurs et confesser la vraie foi.

Les écoles de filles l'ont prise pour patronne, et pendant longtemps elle fut aussi la patronne des élèves de philosophie. Sous l'empereur Maximien Daza, l'Église subit une violente persécution, et sainte Catherine, que ses talents et sa vertu désignaient aux violences des païens, subit le martyre vers l'an 312.

Son véritable nom était Dorothée. Ce surnom de Catherine lui fut donné, dit saint Jérôme, parce qu'elle remporta la triple couronne de la virginité, de la science, et du martyre. Le nom de Catherine vient, selon le même saint Jérôme, du mot syriaque *céthar*, qui veut dire couronne.

Sainte Catherine est ordinairement représentée appuyée sur une roue à demie rompue et teinte de sang, parce qu'elle subit l'affreux et cruel supplice de la roue.

On célèbre sa fête le 25 novembre.

PAUL MERSAN.

Le Directeur : *H. DURU.*

Paris. — Imp. Émile Voitelain et C⁰, rue J.-J. Rousseau, 15.